SIX SEMAINES

A ROME

PARIS

TYPOGRAPHIE GEORGES CHAMEROT

19, RUE DES SAINTS-PÈRES, 19

E. LEVASSEUR

DE L'INSTITUT

SIX SEMAINES

A ROME

EXTRAIT DE *LA NOUVELLE REVUE*

DES 15 JANVIER ET 1er FÉVRIER 1888

PARIS

LIBRAIRIE DE *LA NOUVELLE REVUE*

18, BOULEVARD MONTMARTRE, 18

1888

SIX SEMAINES A ROME

— « Que pensez-vous de Rome? » m'ont demandé plusieurs fois des Italiens. C'est une question qu'ils posent volontiers aux étrangers. Ils ne le font pas pour provoquer l'éloge, quoiqu'ils soient sensibles à la flatterie, mais parce qu'ils sont réellement inquiets du jugement que portent les visiteurs. La ville éternelle a beaucoup changé depuis vingt ans : c'est un problème de savoir si elle a gagné ou perdu.

La plupart des vieux Romains regrettent le calme de la cité pontificale, les pompes de l'Église, les costumes pittoresques des clercs et des paysans qui se coudoyaient dans les rues et sur les marchés, le balancement monotone des attelages de bœufs, le tintement des cloches suspendues en grappes au-dessus des brancards : c'était un séjour digne des artistes et des poètes. Il en est aussi qui regrettent l'ancien gouvernement, parce que les impôts étaient alors légers ; la papauté vivait en partie des deniers de la chrétienté ; elle n'avait presque pas d'armée, et les papes du XIXe siècle, à l'exception de Pie IX, ont peu dépensé pour les travaux publics. Aujourd'hui il faut payer pour le royaume d'Italie qui a de grands besoins et pour la municipalité de Rome dont la transformation exige de grandes dépenses. L'honneur d'être la capitale d'une des grandes puissances européennes coûte cher.

Les nouveaux venus que la politique et l'administration ont amenés de toutes les parties de l'Italie sont moins chagrins et plus positifs. Ils acceptent volontiers l'état présent des choses ; ils savent qu'il est la raison de leur présence dans la cité ; ils y sont entrés pour ainsi dire par droit de conquête, et ils veulent s'y installer à leur aise. Ce n'est pas qu'il n'y ait parmi eux des esprits capables de comprendre toutes les délicatesses du beau et d'en jouir. Mais beaucoup d'entre eux se regardent comme campés à Rome : les Toscans ne se gênent guère de dire que la vraie

patrie des arts est Florence; les gens du nord, qui éprouvent un
certain dédain pour le *far niente* romain, courent, après les ses-
sions parlementaires, retremper leur activité dans la vallée du Pô ;
ceux du midi, que le repos n'étonne pas, sont cependant au nombre
des plus agissants dans la politique et y dépensent presque toute
leur ardeur. Les uns et les autres sont plus touchés des intérêts
du présent que des souvenirs du passé, et lorsque quelque mécontent va jusqu'à prétendre qu'il n'y a plus de Romains dans
Rome, ils répondent que Rome est à l'Italie et qu'elle doit être
fière de sa nouvelle destinée.

Les étrangers ne sont pas plus d'accord sur ce point que les
Italiens.

La grande majorité se compose de badauds qui viennent visiter
l'Italie comme l'an prochain ils visiteront l'Oberland ou passeront
la belle saison sur le bord de la mer. Ce sont, parmi les jeunes,
des époux qui font leur voyage de noce ; parmi les vieux, des ren-
tiers qui ont profité de l'économie d'un billet circulaire ; à tous les
âges, des révérends américains dont les ouailles se sont cotisées
pour leur fournir le moyen de parler sciemment dans leurs ser-
mons de la superstition papale, ou des catholiques que les trains
de plaisir versent en foule pendant la semaine sainte. Rome a
toujours eu le privilège d'attirer la curiosité. Les chemins de
fer, quoi qu'en disent certains détracteurs du temps présent, ont
augmenté la puissance d'attraction de la ville sainte. Les Anglais
y tiennent le premier rang ; les Américains commencent à le leur
disputer, et les Allemands descendent aujourd'hui en nombre
considérable par le Saint-Gothard. Il y a des gens de toute espèce
dans cette armée d'oisifs et de curieux qui, de l'automne au printemps et surtout pendant le printemps, remplit les hôtels. J'ai
rencontré parmi eux des amateurs d'une érudition solide et d'un
goût pur. Mais la masse se compose de vrais badauds dont il est
inutile de demander l'opinion ; vous la trouvez dans le Bædeker
où ils l'ont prise. On les reconnaît dans les rues et dans les musées
à la couverture rouge du volume qu'ils ont à la main. Les Français ne se distinguent d'ailleurs pas des autres ; le Bædeker est
devenu leur viatique et, bien que je n'aie aucun reproche à
adresser à un guide que je trouve bien fait, j'ai vu avec un certain
sentiment de déplaisir que le Joanne était délaissé ; c'est une
injustice du sort, car ce livre a des parties excellentes sur les arts:
habent sua fata libelli. A Rome d'ailleurs, comme dans presque

tous les lieux fréquentés, les Français sont en minorité. J'ai eu souvent l'occasion de le constater avec regret. Pourquoi les Français, qui n'ont pas moins d'argent à dépenser que les Allemands, voyagent-ils moins? La foule de ces touristes, à quelque nation qu'ils appartiennent, n'a en quelque sorte qu'une opinion qui lui soit propre et qui défraie les conversations de table d'hôte : c'est qu'on est rançonné en Italie.

Dans presque tous les pays, l'étranger est une proie. Souvent il ne connaît ni la langue ni les usages : on peut aisément le tromper. Comme il passe sans retour, ceux qui vivent de sa substance l'exploitent sans scrupule. Cependant les plaintes contre l'Italie sont exagérées ; elle ressemble à tous les pays où l'on spécule sur les touristes. A Rome particulièrement, lorsqu'on sait se détourner du grand courant qui apporte chaque jour le flot des voyageurs dans certains hôtels, on trouve le moyen de vivre à des prix modérés et, quoique l'accroissement de la population ait occasionné un notable renchérissement, les loyers, surtout ceux des logements meublés, y sont encore moins chers et les salaires moins élevés que dans plusieurs autres capitales. Je crois que Naples mérite plus que Rome la mauvaise réputation que lui ont value les obsessions de ses faquins et les ruses de ses hôteliers. On m'avait mis en garde contre les additions fausses de ces derniers et je n'ai pas été surpris, à Naples, en constatant une erreur sur ma note : elle n'était pas au détriment du patron, qui avait pris si largement le temps de compter qu'il ne me la remit qu'au moment du départ, lorsqu'il me restait à peine le temps de la vérifier. A la gare, autre trait de mœurs : « Cette caisse ne peut pas partir, me fait observer le facteur préposé aux bagages ; la corde qui l'attache est trop mince. » — « Donnez-lui quelque argent, » me souffla à l'oreille le conducteur de l'hôtel. L'heure du train ne me donnait pas le loisir de discuter ; je tirai de ma poche une pièce blanche, et la corde fut jugée suffisante. J'ai eu encore trois autres pourboires à tirer de ma poche pour passer de l'omnibus dans le wagon : exactions désagréables, moins par l'argent qu'elles coûtent que par l'irritation qu'elles causent.

Les administrations de chemins de fer ont le tort de ne pas se préoccuper suffisamment d'épargner au public, qu'il soit italien ou étranger, les petites misères du voyage. Dans beaucoup de gares, elles négligent de placer des barrières devant les bureaux où, à certains jours, la foule se presse pour prendre ou pour faire viser des billets, et, quand elles en mettent, elles les disposent, comme à Naples, de manière à les rendre inutiles. Le public, au lieu de faire queue, se masse autour d'un guichet de marbre, étroit et profond comme une meurtrière, qu'il assiège et derrière lequel un employé poursuit lentement à l'intérieur son travail, sans paraître se douter qu'une petite émeute s'agite au dehors et qu'il fait les affaires des plus forts et des moins scrupuleux. Les gardiens de service regardent la cohue en spectateurs désintéressés ; ils n'ont sans doute pas d'instructions et la vue du désordre et de l'injustice ne les émeut pas. Je me plaignais de cette incurie à un Italien du nord : « Que voulez-vous ? me répondit-il, on les paie si peu ! »

Il est possible qu'ils travaillent comme on les paie et que beaucoup de petits employés cherchent dans l'exploitation des voyageurs un supplément à l'insuffisance de leur salaire. Cependant il y a là aussi un trait de mœurs ; car le désordre est moins choquant dans la vallée du Pô que par delà l'Apennin. Les hommes du sud sont fougueux et n'ont pas au même degré que les autres le sentiment du droit. Il est difficile de changer les mœurs d'un peuple, j'en conviens ; cependant les mœurs se forment par l'habitude, et les administrateurs, qui, de leur cabinet, règlent la discipline des gares, devraient ne pas tolérer des pratiques qui entretiennent de mauvaises mœurs et qui mécontentent leur clientèle. Combien de voyageurs, enclins à concevoir l'idée d'un ensemble par quelque détail qui les a frappés, n'ont-ils pas rapporté dans leur pays un jugement défavorable et mal justifié sur l'Italie parce qu'ils avaient éprouvé des désagréments dans les hôtels et sur les routes ?

Les touristes m'ont entraîné hors de mon sujet. Je ne veux pas y revenir avant de m'être excusé de les avoir traités de badauds. Je n'ai pas eu l'intention de leur dire une injure. Badauder, c'est regarder tout sans faire de rien une étude spéciale, c'est n'avoir d'autre but que de s'amuser en dépensant en voyage une certaine somme dans un certain temps. Ces badauds font en définitive un emploi raisonnable de leur argent et de leurs loisirs ; le voyage procure un exercice salutaire au corps ; il meuble la mémoire d'une foule de souvenirs et il contribue à élargir les idées par la comparaison. Reprochant aux Français de ne pas avoir un goût assez prononcé pour les voyages, je ne serais pas conséquent de blâmer les étrangers de badauder en Italie ; mais j'ai le droit de

les récuser comme juges du procès entre la Rome papale et la
Rome royale.

Il en est autrement des artistes. Leur opinion est d'un grand
poids dans cette matière, et je dois avouer qu'elle est généralement
défavorable. La Rome papale les séduisait par les aspects pittoresques que regrettent les vieux Romains. Les ruelles tortueuses,
le linge en loques suspendu et séchant aux fenêtres, les lanternes
éclairant aux carrefours les images de la Madone leur plaisaient
mieux que les façades régulières de la via Nazionale et les becs
de gaz.

Il y a cinquante ans, ainsi que me le fait voir un plan de Rome
publié en 1841, les constructions avaient à peu près pour limite
septentrionale une ligne allant de la place du Peuple, par la villa
Médicis, à Sainte-Marie-Majeure, et même au sud de cette ligne
il y avait de grands espaces sans maisons occupés par les jardins du Viminal et du Quirinal; de Sainte-Marie-Majeure une
autre ligne allant au temple de Vesta sur la rive du Tibre formait
la limite orientale; le Forum, le Palatin, le Colisée, les Thermes
de Titus étaient alors en quelque sorte dans les champs, comme,
au nord, les Thermes de Dioclétien. Il y a vingt ans encore, la
ville n'occupait que la moindre partie de sa vaste enceinte; on allait chercher une ruine loin des lieux habités et on savourait le
plaisir de la découvrir au milieu des jardins ou des vignes; la
solitude invitait au recueillement et prêtait sa majesté à ces débris
d'une civilisation détruite. Aujourd'hui, de vulgaires constructions les enveloppent sur plusieurs points et les écrasent. Néanmoins le panorama de Rome, quand on le contemple du Pincio,
du Monte Mario ou de San Pietro in Montorio, a conservé sa
majestueuse grandeur.

La campagne romaine est nue, mais elle a une imposante sévérité. Les longues rangées d'arcades des aqueducs en ruines lui
prêtent une singulière majesté. De quelque côté qu'on la regarde,
les plans successifs et les lignes d'arête dessinent des contours
harmonieux que font valoir la pureté de l'atmosphère, transpa-
rente malgré la légère vapeur qui estompe les fonds, et la nuance
chaude des tons de l'horizon à l'heure où le soleil incline vers la
mer; c'est surtout en se tournant vers les monts Albains qu'on
jouit pleinement de cette beauté. En la contemplant, on pense
aux paysages classiques du Poussin. « A peine découvrez-vous
quelques arbres, écrivait en 1804 Chateaubriand à M. de Fontanes,

mais partout s'élèvent des ruines d'aqueducs et de tombeaux,
ruines qui semblent être les forêts et les plantes indigènes d'une
terre composée de la poussière des morts et des débris des empires... Déchue de sa puissance terrestre, Rome semble, dans
son orgueil, avoir voulu s'isoler; elle s'est séparée des autres
cités de la terre; et, comme une reine tombée du trône, elle a
noblement caché ses malheurs dans la solitude. »

La campagne est encore aujourd'hui solitaire, comme elle
l'était alors. Les économistes s'en étonnent et ne comprendraient
pas qu'une ville de plus de 350 000 habitants employât si peu les
terres de sa banlieue à cultiver les légumes ou les céréales nécessaires à son approvisionnement, s'ils ne savaient que la grande
propriété domine autour de Rome et que la plupart des propriétaires ont peu de capitaux.

La propriété foncière, sous le régime pontifical, appartenait
tout entière à des familles nobles ou à des congrégations et à des
œuvres pies; il paraît qu'avant 1870 on aurait trouvé difficile-
ment un petit cultivateur possédant même un champ de vignes.
Les institutions françaises qui avaient régi les États de l'Église
au commencement du siècle, n'avaient exercé pour ainsi dire
aucune influence sous ce rapport, parce qu'on avait éludé la loi
au moyen de fidéicommis. Les lois récentes qui ont supprimé
les corporations religieuses, mis en vente leurs biens et interdit
les fidéicommis, auront sans doute plus d'efficacité, parce qu'elles
auront plus de durée. Cependant, dans l'intérieur même de Rome
et sous les yeux du gouvernement, la fortune immobilière des
communautés religieuses se reconstitue rapidement sous des
titres divers. Jusqu'en 1870, les détenteurs des biens de main-
morte n'étaient pas en général des novateurs; n'ayant pas le goût
de l'agriculture, ils ne voyaient pas la nécessité de changer un
état de choses que la coutume avait consacré, et les nobles, qui
aimaient mieux dépenser leur argent à entretenir leur luxe qu'à
tenter des expériences agronomiques, suivaient leur exemple.

D'ailleurs l'expérience eût été coûteuse et n'aurait peut-être
abouti qu'à la ruine du propriétaire. On a reconnu aujourd'hui
que le terrain, tout ondulé de petites collines, formé d'un tuf
spongieux sur lequel la couche de terre végétale est très mince,
plus fertile dans le fond, mais n'offrant pas d'écoulement aux eaux
et par suite marécageux, se prête très peu à une culture intensive,
que l'amélioration de cet état de choses ne pourrait pas réussir et

n'a pas réussi lorsqu'elle était tentée par des efforts individuels et isolés, et qu'il faudra beaucoup de temps pour l'organiser par un système général. Dans le cours du XIXe siècle, on a rendu déjà soixante-dix-neuf ordonnances en vue de cette amélioration, tout cela sans succès; quelques particuliers se sont ruinés et des colons sont morts de la fièvre. Les travaux d'assainissement exécutés par le royaume d'Italie ont jusqu'ici eu plus de succès dans les marais Pontins que dans la campagne romaine. Cette désolation est d'ailleurs bien ancienne; car on la fait généralement remonter aux invasions et aux ravages des barbares, et il est probable qu'elle date de beaucoup plus loin, puisque les Romains avaient maintes fois saccagé la campagne dans leurs premières guerres contre leurs voisins et que, du temps d'Auguste, la malaria était déjà redoutée, ainsi que le dit Horace et que l'atteste le temple dédié à la Fièvre. Un poète pouvait même, il y a quelque vingt ans, découvrir une secrète harmonie entre la Rome papale du XIXe siècle et cette désolation qui, suivant l'expression pittoresque de M. Gabelli, semblait former un cadre digne de la cité devenue le tombeau de deux civilisations et convenir au recueillement du colosse du monde méditant sur son passé. Quelques auteurs pensent même que le peuple romain, qui voyageait peu, a dû à cet isolement de conserver, surtout chez les femmes, ses traits caractéristiques, tels que l'ampleur et la beauté des formes, la pureté des linéaments du cou, des bras, des mains, la vivacité des grands yeux noirs, la sérénité générale de l'attitude; que ces traits rappellent encore l'antiquité, en témoignant toutefois d'un progrès des mœurs et de l'intelligence; car on trouve beaucoup moins souvent le front bas, l'air dur, le cou d'athlète qu'ont reproduits tant de fois les anciens statuaires romains.

Les peintres se réjouissent de ces obstacles qui conservent à la population ses allures et à la campagne sa poétique mélancolie: mais, d'autre part, ils s'affligent de voir s'élever dans les quartiers autrefois déserts de longues rangées de maisons à cinq et six étages, qui masquent la vue ou interposent leur lourde et disgracieuse carrure dans la perspective. La villa Albani, dont les terrasses et les portiques ont été disposés sous l'inspiration de Vinckelmann avec une remarquable habileté, de manière à encadrer le ravissant tableau de la colline voisine, de la plaine ondulée et des monts Albains, est envahie par les constructions déplaisantes d'une rue qui s'allonge maintenant à travers ce tableau et,

dans quelques années, elle n'invitera pas mieux à la rêverie qu'une
villa de Montmorency. La conquête française, puis une vente con-
clue par le propriétaire de cette villa l'avaient, au commencement
de ce siècle, découronnée en la privant de ses plus belles statues ;
à la fin du même siècle, une spéculation d'un autre genre l'em-
prisonne en interposant entre sa terrasse et sa perspective un rem-
part de maisons à louer. On peut regretter la conquête, la vente
et la spéculation ; cependant, à bien considérer, la dernière seule
n'a rien d'humiliant pour le caractère italien, et elle est la plus
avantageuse des trois pour Rome.

La villa Médicis, siège de l'Académie de France, est assurément une des plus délicieuses résidences de Rome ; je connais
peu d'endroits où un oisif puisse plus mollement bercer ses heures
de rêve et où l'imagination d'un artiste soit mieux placée pour
concevoir la notion de l'harmonie que sur la terrasse de la villa,
par une belle matinée de printemps, lorsque l'ombre du *bosco*
s'allonge jusqu'à la balustrade. Borné entre un bouquet de pins-
parasols, sombres et solennels, et l'élégante façade du palais dans
laquelle des bas-reliefs antiques ou de style antique sont enchâssés
comme autant de pierres précieuses, le regard du spectateur se
repose sur la verdure du parterre et plonge par une percée jusqu'au dôme de Saint-Pierre étincelant des feux du matin. Or, ne
parle-t-on pas de percer une large voie qui écornerait peut-être
la terrasse, et l'industrie des bâtisseurs n'a-t-elle pas déjà dressé
quelques hautes maisons de briques mastiquées de stuc et sem-
blables à des casernes qui rompent le charme poétique de la perspective et qui font le désespoir des artistes?

Je comprends leur chagrin, et cette fois je le partage volontiers, peut-être par sympathie patriotique. Je comprends aussi
qu'un peintre blâme l'impitoyable curiosité de l'archéologie qui
a fouillé le Forum et qui en a mis à nu les pierres, comme on
prépare un écorché pour des études anatomiques. Au temps
où Gœthe, Chateaubriand et Mme de Staël le visitaient, c'était le
Campo Vaccino, un marché aux bœufs ; les bestiaux y broutaient
l'herbe rare ; un massif d'arbres ombrageait le temple de Faus-
tine et s'étendait jusqu'à l'arc de Titus ; le sol jusqu'au Tabularium s'élevait à peu près au niveau où se trouve aujourd'hui le
pavé du double temple de Vénus et de Rome ; les fûts de
colonnes à demi enterrés sortaient de la verdure sur laquelle se
détachaient leurs teintes grises. Les ruines du Forum étaient

ensevelies sous un linceul de décombres d'une épaisseur de plus de sept mètres ; c'est peut-être la profondeur de cet ensevelissement qui les a protégées contre d'autres profanations durant les siècles d'indifférence archéologique. Cependant une partie de l'arc de Septime Sévère était déjà dégagée. Des fouilles plus importantes avaient commencé en 1803 sous Pie VII, puis en 1809, sous l'administration française (1). On a dégagé d'abord tout l'arc de Septime Sévère puis les trois magnifiques colonnes du temple de Castor et Pollux ; plus tard, la colonne de Phocas ; le Champ des Vaches s'est trouvé coupé par un fossé profond, bordé de balustrades, qui donnait déjà, disait Ampère, à ce lieu auparavant « si poétique l'aspect d'une grande carrière ». C'est pis aujourd'hui, où les décombres ont été déblayés jusqu'aux dalles de la voie Sacrée et où l'on n'aperçoit plus que des ruines grises sur un fond gris.

La génération présente ne connaît pas le Forum que Corinne montrait à Oswald et sur lequel « on ne voit plus, disait-elle, aucune trace de cette fameuse tribune d'où le peuple romain était gouverné par l'éloquence ». Les érudits discutent aujourd'hui sur la question de savoir si on n'a pas déterré cette tribune, et ils ne signeraient pas sans réserve les pages où Corinne nomme les monuments. Je m'étonne que celle-ci n'ait pas fait asseoir à son côté Oswald, au pied d'un de ces arbres, le soir, pour y méditer sur les destinées changeantes des empires et sur la calme indifférence de la nature dont les plantes reverdissaient chaque année sur les ruines. Il n'y a plus de verdure au Forum. Il n'y en aura peut-être bientôt plus sur le Palatin. Toutefois il y reste encore un petit bois, souvenir des jardins Farnèse, d'où l'on embrasse le panorama de la ville dite aux Sept Collines, et un parterre planté de rosiers qui étaient en pleine floraison lorsque je les ai vus au mois de mai ; c'est de près qu'il faut étudier les ruines du Forum, mais c'est là qu'il convient d'aller jouir tranquillement de leur spectacle.

On ne saurait contenter tout le monde. Les peintres déplorent ce que les archéologues louent ; les uns et les autres condamnent ce qui a enrichi maint entrepreneur et décuplé, centuplé même la valeur de certains terrains, genre de profit que de vieux Romains eux-mêmes n'ont pas dédaigné, malgré leur mépris des

(1) C'est aux frais de la duchesse de Devonshire qu'en 1813 la colonne de Phocas a été dégagée.

nouveautés contemporaines. Il faut vivre : Rome ne pouvait pas loger une population qui a augmenté de 50 p. 100 en seize ans, sans lui bâtir de nouvelles demeures, ni lui faciliter la circulation sans élargir ses rues. Elle a donc obéi à une nécessité en se transformant, et, loin de la subir à regret, elle doit s'en glorifier; car les cités, comme les États et les individus, sont fières de grandir. Voilà, au milieu du concert des critiques, la note qui domine parmi les gens modérés qu'un intérêt particulier n'a pas poussés dans le parti des mécontents.

Obéir à cette nécessité est aussi la politique qui s'impose à l'administration romaine malgré les résistances, parce qu'elle est dans la nature des choses. Qu'il y ait eu dans l'exécution de ce plan des fautes commises par inexpérience ou par entraînement, nous le croyons et nous pensons qu'elles ne sont pas toutes sans remède. Mais la capitale du royaume d'Italie ne pouvait pas être condamnée à rester toujours exclusivement un musée d'antiquités et de chefs-d'œuvre.

Un tel rôle est fait pour Pompéi, pour Herculanum ou Ostie, qui n'ont pour ainsi dire pas d'habitants. Les villes mortes ont, à cet égard, un privilège sur celles dont la prospérité a continué ou s'est renouvelée à plusieurs époques; dans les premières, le mouvement de la vie présente ne trouble pas la poussière du passé. Ainsi, en France, les monuments romains sont encore debout à Arles et à Orange, tandis que Marseille et Lyon, qui étaient de plus grandes cités, ne possèdent que des débris, renfermés presque tous dans des musées. Nîmes cependant a eu le rare bonheur de conserver jusqu'au temps de sa prospérité moderne d'importants témoins de sa prospérité antique.

Il faut que les artistes en prennent leur parti ; mais il faut aussi que les novateurs et les bâtisseurs ne négligent aucune précaution pour faire droit à leurs réclamations lorsqu'elles sont justes, parce que l'art restera toujours une gloire de la Ville Éternelle qui a intérêt à ne sacrifier aucun des joyaux de sa couronne.

Rome est pour ainsi dire faite de contrastes. Je n'ai pas la prétention de les comprendre et de les expliquer tous. Mais, comme je ne connais pas de ville qui ait eu une plus longue succession de grandes destinées et dont les monuments racontent l'hisoire avec plus d'intérêt, je l'ai visitée avec une sorte de recueillement pieux et j'ai ressenti en face des témoins de ses grandeurs successives une impression que nulle autre ville ne m'avait faite. Semblable au premier Gaulois qui l'a dépeinte (Rutilius Numatianus) et qui écrivait en descendant le Tibre : « Je me plais à tourner souvent la tête vers la ville encore peu éloignée et à suivre les contours des montagnes dans la lueur qui s'évanouit, » je l'ai quittée à regret. Il m'a semblé même que j'avais le droit de la trouver plus attachante qu'elle n'était au temps de Rutilius, parce qu'elle porte l'empreinte de plus de vicissitudes et qu'elle prête davantage aux méditations du moraliste. L'année dernière, un écrivain élégant, Aristide Gabelli, plaidant la cause de la Rome contemporaine, les mettait en relief dans un style chaudement coloré auquel la langue italienne se prête mieux que la française, et montrait l'antiquité opposant ses ruines colossales à l'invasion de l'ascétisme du moyen âge, les colonnes triomphales des empereurs romains surmontées de la statue d'un saint, la vie moderne envahissant les thermes, les sépulcres, les théâtres, les couvents, des presses à vapeur imprimant librement en face du Saint Office, la locomotive projetant sa fumée sur le mur de Servius Tullius.

Déjà cependant, au v° siècle, Rome entrait dans la seconde phase de son histoire, et les voyageurs, suivant le sentiment qui les animait, la voyaient avec des yeux différents ; le païen Rutilius admirait « ses trophées nombreux comme les étoiles et les temples qui éblouissent les regards », au lendemain du jour où saint Jérôme avait surtout remarqué « la poussière et les toiles d'araignées » des mêmes temples délaissés par la foule qui se portait alors vers les tombeaux des martyrs. Il n'est pas étonnant qu'elle donne lieu à des jugements encore plus divers aujourd'hui, puisqu'elle est dans sa quatrième phase et que les archéologues et les érudits, les peintres, les sculpteurs et les architectes, les catholiques et les protestants, les politiques et les financiers l'examinent chacun d'un point de vue particulier. C'est la Ville éternelle ; mais son éternité est une suite de renaissances. Elle a été le centre de l'empire romain et du monde civilisé ; elle a abrité le christianisme naissant, puis triomphant ; elle a été la cité sainte du monde catholique et s'est parée des splendeurs de la papauté ; elle est maintenant la capitale du royaume d'Italie : ce sont les quatre grandes périodes de son histoire que ses monuments racontent. Je me propose de dire l'impression que la vue de ces monuments m'a faite et les sentiments qu'elle a réveillés en moi.

II

Si vous voulez avoir une première idée de la Rome antique,
allez droit au Forum. J'y suis arrivé de la place du Capitole, un
peu avant le coucher du soleil, par la terrasse qui est à droite du
Tabularium. Les colonnes étaient en pleine lumière et l'ombre
qu'elles projetaient au loin derrière elles en accusait mieux la
hauteur. Sous mes yeux, le portique des *Dii Consentes;* tout
près, les neuf grandes colonnes du temple de Saturne supportant
un reste d'entablement; à ma gauche, l'arc de Septime Sévère et
la colonne de Phocas; devant moi, les trois colonnes du temple
de Castor et Pollux, la plus élégante parure du Forum; plus loin,
un vaste champ poudreux, jonché de débris; dans le fond, l'arc
de Titus et la masse énorme du Colisée que frappaient alors
directement les rayons solaires. Ce tableau me saisit, et je demeu-
rai quelques minutes à le contempler sans discerner les détails
et sans chercher à analyser mon sentiment. Je réfléchis ensuite
que mon émotion était causée moins par la forme des objets que
j'avais sous les yeux que par les souvenirs qu'ils évoquaient dans
ma mémoire. Je me rappelai que Bacon compare l'esprit de
l'homme à un miroir qui réfléchit l'image des objets, mais qui en
change la forme suivant sa propre courbure. « Les yeux sont
tout-puissants sur l'âme, » a dit Mme de Staël; c'est vrai, mais
une femme aussi bien douée qu'elle n'ignorait certainement pas
combien l'âme est puissante sur les yeux.

Je voyais le Forum dont j'avais si souvent répété le nom durant mes années d'études et de professorat, et qui me rappelait
confusément à la fois le tribunat, Cicéron, les luttes et les révo-
lutions intérieures de la République, et je m'inquiétais peu, au
premier abord, de savoir si les monuments qui composaient le
tableau appartenaient ou non à la grande période de l'histoire
dont ils évoquaient le souvenir.

Il est possible qu'un voyageur n'ayant aucune notion ou
aucun souci de l'histoire romaine ne soit pas plus touché par ce
spectacle que par celui d'une rue de Paris en démolition. Que
celui-là se dispense de visiter le Forum; un sourd ne va pas au
concert.

Pour admirer les ruines et même en général les beautés de la
nature et de l'art, il faut un ensemble de circonstances favorables.

J'ai vu pour la première fois le Colisée le soir ; l'immensité, la solitude et le silence du lieu, l'obscurité de la nuit et l'éclairage intermittent des gradins et de la crête par la lune lorsqu'elle se dégageait des nuages étaient d'un effet merveilleux. J'avais le bonheur dont avait joui Chateaubriand et qu'a chanté Lamartine. N'est-ce pas Mme de Staël qui a dit : « La lune est l'astre des ruines » ? Je ne me serais pas lassé d'admirer si la fraîcheur de la nuit ne m'avait averti qu'à Rome il n'est pas sain de s'attarder aux contemplations nocturnes.

Quelques jours après, je me suis retrouvé un soir aussi dans ce même Colisée, pendant une fête qui avait attiré des milliers de personnes curieuses de voir les ruines illuminées successivement avec des feux de Bengale blancs, rouges et verts. Le bruit, la foule, la lumière factice avaient tout changé : c'était vulgaire comme le dernier tableau d'une féerie du Châtelet. La masse des spectateurs semblait si ravie que je regardais autour de moi si je n'apercevais pas parmi ces enthousiastes l'Anglais dont parle Ampère et qui disait sentencieusement que « le Colisée sera une belle chose quand on l'aura terminé » (1).

Quant à Ampère, qui était mécontent qu'on eût « nettoyé et sarclé » cette grande ruine, que dirait-il aujourd'hui des excavations par lesquelles on a mis les murailles du sous-sol à découvert et rompu l'harmonie du plan ? L'érudition est indiscrète. Pour moi, je lui pardonne, parce que la curiosité est mère de la science.

J'ai éprouvé bien souvent l'influence de la lumière sur le sentiment du pittoresque. Par un jour ensoleillé, le Forum est d'un effet plus saisissant à cinq heures du soir qu'à midi. De Capri, j'ai vu Naples et sa baie par un beau temps ; les vagues étaient d'un bleu intense, le dessin d'une netteté parfaite, les lignes de l'Apennin tranchaient sans crudité à l'horizon sur un fond de ciel d'un bleu pâle : le panorama m'apparaissait splendide. Deux jours après, je me promenais sur le grand boulevard de Naples ; une pluie fine tombait, la mer était grise ; Capri n'était qu'une grisaille à peine visible dans le lointain : le tableau me semblait commun, parce qu'il était sans couleur. Hier, par une pluie fine

(1) Les Anglais de cette trempe ne sont pas rares. Je ne voudrais cependant pas faire peser sur une nation une critique qui ne s'adresse qu'aux gens dépourvus du sens artistique ; c'est pourquoi j'ajoute qu'un Français, homme d'esprit, mais d'esprit frivole comme on l'avait au xviiie siècle, le président de Brosses, proposait de transformer les restes du Colisée en amphithéâtre. « Ne vaut-il pas mieux, écrivait-il, avoir un demi-Colisée en bon état qu'un Colisée entier en guenilles ? »

aussi, je revenais d'une grève en suivant la crête des dunes ; mais je suis en Bretagne dont le paysage est tout autre que celui de l'Italie méridionale, et le brouillard, en estompant les fonds, lui prêtait un charme de mélancolie qui me pénétrait.

Qui a vu le Forum et le Palatin avec leur prolongement jusqu'à l'arc de Constantin et au Colisée, connaît l'unique groupe considérable de ruines qui subsiste : c'était le cœur de Rome. Je ne parle pas du Capitole, dont les constructions appartiennent à la Renaissance et qui n'a d'antique que les statues apportées là pour la décoration, comme les Dioscures du grand escalier qui me semblent fort inférieurs à ceux du Monte Cavallo, et comme le Marc-Aurèle, seule grande statue équestre en bronze de l'antiquité dont le cheval, quoique bien campé et admiré par Michel-Ange, ne vaut ni les chevaux de Venise ni surtout le bronze tronqué du musée des Conservateurs. Je ne parle pas non plus de la roche Tarpéienne, ensevelie depuis des siècles sous un entassement de maisons, et où l'on ne retrouverait sans doute plus même le champ de choux qui plaisait à Gœthe.

J'avais lu Ampère, Burckhardt, Boissier avant d'examiner en détail le Forum et le Palatin, et j'étais accompagné dans ma dernière visite de mon ami, M. Bodio, et d'un membre de l'École française, M. Gsell, qui a fait de ces restes une étude spéciale. Ce n'est pas par la beauté artistique qu'ils séduisent ; car, si l'on excepte les colonnes du temple de Castor et Pollux, les remarquables peintures de la maison dite de Livie sur le Palatin, quelques sculptures du somptueux palais de Domitien et des fragments épars de bas-reliefs, il n'y a guère que des œuvres d'un goût contestable, comme l'arc de Septime Sévère, des réédifications plus contestables encore, comme les colonnes dépareillées du temple de Saturne, des soubassements et des pans de murailles en briques, des voûtes et des cintres qui étonnent par leur masse, comme la basilique de Constantin et le palais de Septime Sévère.

C'est par les souvenirs qu'ils intéressent. Je cherchais à fixer, sur la foi des archéologues, l'emplacement et la destination de chaque chose : je me plaisais à marcher sur les dalles de la voie Sacrée que les triomphateurs ont foulées ; je montais sur la plate-forme qu'on suppose avoir été les Rostres et je m'assurais que, malgré les stèles qui encombrent la place, la voix d'un orateur, surtout quand elle était bien soutenue par le geste, pouvait être entendue de plus d'un millier de personnes, grâce à la disposi-

tion par étages d'une partie de l'auditoire. Je me promenais sur
le pavé de la basilique Julienne dont mon imagination relevait
les portiques et peuplait les galeries de gens affairés, mais je re-
grettais qu'un zèle indiscret eût construit sur ce pavé des bases
postiches. Il y a toujours du vrai dans cette réflexion de Balzac
(celui du xviiie siècle) : « Il est certain que je ne monte jamais au
Palatin et au Capitole que je n'y change d'esprit et qu'il ne me
vienne d'autres pensées que les miennes ordinaires. »

La reconstitution de cette partie de Rome est un problème
auquel les fouilles exécutées d'abord par M. Pietro Rosa pour le
compte de l'empereur Napoléon III dans les jardins Farnèse du
Palatin et continuées par le gouvernement italien ont apporté
des données nouvelles et importantes, mais qui n'est pas résolu
et qui ne le sera peut-être jamais. Les textes des auteurs anciens
sont insuffisants et les pierres n'y suppléent qu'imparfaitement.
A mesure qu'on creuse, on trouve sur certains points des
couches d'antiquités superposées ; à laquelle s'arrêter ? Les
Romains ne craignaient pas d'entasser les monuments les uns à
côté des autres, comme nous faisions pour les églises au moyen
âge. Cependant il est impossible, quelque agglomération que
l'on suppose, de trouver une place pour tout ce que l'histoire a
enregistré. Il n'y a pas à s'en étonner. Entre la construction du
mur de la *Roma quadrata* dont on voit une paroi sur le flanc
de la colline et celle de la colonne de Phocas il s'est écoulé
plus de treize cents ans durant lesquels le Forum et le Palatin ont
changé suivant la fortune de Rome et le caprice de ses maîtres.
Si Paris avait quelque jour le même sort, les érudits futurs
éprouveraient un embarras non moins grand pour placer à la fois
dans la Cité les églises du moyen âge et les édifices publics de notre
temps, et je ne sais comment ils détermineraient sur la rive droite
de la Seine l'emplacement exact de la colonne du Châtelet que
j'ai vu transporter de toutes pièces. Il y a eu dans le cours des
siècles maints remaniements de tout genre au Forum ; car les
architectes ne se gênaient pas pour démolir les œuvres de leurs
prédécesseurs à leur profit : témoin l'arc de Constantin.

Certains Romains, ayant presque honte du grattage du Forum,
combleraient volontiers le trou dès que les archéologues auront
dressé le plan des fouilles. Qu'ils s'en gardent bien : le problème
n'étant pas résolu, les archéologues futurs éprouveraient le besoin
de le creuser de nouveau. Le mieux, quand le travail de déblai

sera terminé — on est encore loin du terme — et que les controverses auront eu le temps de se produire, sera de laisser à nu les vieilles pierres sorties de leur sépulcre, de réunir même tout le Forum en substituant un pont de fer, s'il le faut, à la chaussée qui le coupe en deux, et de planter des arbres ou de semer du gazon partout où il sera possible de le faire sans cacher les détails et sans nuire à l'ensemble. Le berceau de la Ville éternelle sera ainsi honoré de tout le respect qu'il mérite.

Hors de ce groupe, il n'existe guère que des monuments isolés et surtout des fragments encastrés dans des murailles modernes. Mais quelle surprise charmante de se trouver tout à coup, au détour d'une rue, en face de morceaux tels que la corniche du Forum de Nerva ou de tourner l'angle du portique d'Octavie pour pénétrer dans ce Ghetto étroit et déguenillé, si cher aux peintres de genre pour les raisons mêmes qui l'ont fait condamner à la démolition par les édiles ! Quelle poésie un fragment d'aqueduc ne donne-t-il pas à une campagne, qui sans ce témoin du passé paraîtrait peut-être vulgaire !

Parmi ces monuments isolés, les plus considérables sont les Thermes, où les empereurs prodiguaient les plus riches décorations pour charmer le peuple et qui étaient à la fois des bains, des gymnases, des lieux de récréation et d'étude. Mais, de ceux d'Agrippa, qui sont peut-être les plus remarquables par la sculpture de leurs chapiteaux, il ne reste qu'une muraille et quelques colonnes adossées au Panthéon ; ceux de Dioclétien, qui étaient, paraît-il, les plus grands et dont deux coupoles ont servi à abriter les églises de Saint-Bernard et de Sainte-Marie-des-Anges, sont étouffés entre les bâtisses modernes qui les enveloppent, et ceux de Titus, d'un dessin irrégulier que je ne suis pas parvenu à comprendre, ne m'ont paru avoir de curieux que la hauteur de leurs voûtes ténébreuses. On ne m'a pas suffisamment expliqué comment les Romains, qui ne connaissaient ni le gaz ni la lumière électrique, pouvaient rendre visibles les ornements en stuc et les peintures de ces voûtes que des lampes fumeuses n'auraient pas tardé à noircir, ou pourquoi ils les ornaient ainsi si elles restaient invisibles, et on ne m'a pas convaincu en alléguant que certaines parties, qui prenaient le jour par des portes ou des cours, ont pu être masquées par des constructions de date postérieure, et en citant comme exemple la grande coupe de porphyre placée aujourd'hui dans la salle ronde du musée du Vatican, œuvre

destinée assurément à être vue, qui cependant a été trouvée dans
une salle tout à fait obscure des Thermes de Titus. Les Thermes
de Caracalla, situés dans un quartier encore désert, produisent
au contraire un puissant effet, quoiqu'il n'en reste plus que la
carcasse de briques. Mais ses proportions gigantesques, qui semblent écraser le spectateur, donnent une singulière idée des fan-
taisies monstrueuses du despote et en même temps du goût des
Romains pour les somptuosités balnéaires. Ils ont conservé ce
goût pendant toute l'antiquité, car les Thermes ne paraissent
avoir été fermés qu'à l'époque des invasions et des sièges qui ont
causé la rupture des aqueducs et les ont privés de leur eau.

Si l'on met à part les colonnes, les obélisques, quelques petits
temples et des tombeaux, Rome ne possède qu'un grand monument de l'antiquité qui, malgré les injures du temps et des hommes, soit encore à peu près entier : c'est le Panthéon, une des
œuvres les plus remarquables du grand siècle d'Auguste. J'ai
admiré les colonnes de son portique, la disposition harmonieuse
des caissons de sa coupole, l'habile distribution de la lumière
qui, de l'ouverture de la voûte, se répand dans toutes les parties
de l'édifice. J'avais appris à apprécier la justesse des proportions
qui satisfont l'esprit par le sentiment de la solidité, sans l'étonner
par une hardiesse inquiétante. Cependant, dois-je l'avouer ?
l'intérieur du Panthéon n'a pas fait sur mon imagination la même
impression que les ruines du Forum. Est-ce parce que l'imagination n'avait rien à ajouter à ce que mes yeux voyaient ?

C'est pour un autre motif sans doute que le Forum de Trajan,
qui a été, dit-on, le plus beau de Rome, m'a laissé froid. On connaît
si bien la colonne qu'elle ne surprend pas, et on en apprécie beaucoup mieux les détails lorsqu'on en a des moulages sous la main
que lorsqu'on les aperçoit dans leur perspective en hauteur ;
d'autre part, la fosse rectangulaire, toute maçonnée et bordée
d'une grille, du fond de laquelle sortent les fûts brisés des colonnes de la Basilique ulpienne, manque absolument de prestige :
on la prendrait pour une fosse aux ours ; il paraît qu'elle sert,
en réalité, d'hospice aux chats abandonnés.

Au contraire, la voie Appienne m'a laissé un souvenir ineffa-
çable. Je ne parle pas de la partie située entre la porte Saint-
Sébastien et le tombeau de Cécilia Metella, qui est bordée de
maisons et noyée dans la poussière, mais de celle qui s'étend au
delà et dont les bas côtés sont gazonnés. J'y suis allé pour la pre-

mière fois avec M. Juglar, qui connaît bien les beautés de Rome et qui les admire avec enthousiasme. Il faut s'y promener seul ou deux au plus, à pied, dans la saison où les marguerites sont en fleur et à l'heure où le soleil déclinant colore de teintes rosées les croupes des monts Albains. La solitude de la campagne et la sévérité du paysage s'harmonisent avec la tristesse des tombeaux alignés à perte de vue comme une allée de sphinx ; l'état informe dans lequel ils se trouvent, dépouillés de leurs revêtements de marbre, contribue à en rendre l'aspect funèbre. La vanité a eu sans doute plus de part que le recueillement dans le choix que les Romains faisaient d'une des voies les plus fréquentées pour y ériger des tombeaux de famille ; mais les temps ont changé, le silence a remplacé le bruit et la ruine produit une impression profonde que les architectes de ces monuments ne soupçonnaient sans doute pas. Quelques rares tombeaux ont cependant conservé encore une partie de leurs ornements ; ce ne sont naturellement pas les plus riches ; par exemple, celui du boulanger qui est près de la porta Maggiore et dont le sculpteur a perpétué le souvenir en représentant son four et son pétrin. Il faut aller jusqu'à Albano pour trouver des tombeaux de quelque importance qui soient parvenus intacts jusqu'à nous.

Les ruines qui subsistent n'apprennent qu'une très petite partie de la topographie de Rome et n'apprennent presque rien de l'art romain.

Il faut étudier cet art dans les musées de Rome, de Florence et surtout de Naples, dans les palais, dans les églises où ont été rassemblés les chefs-d'œuvre de la sculpture antique, statues, bas-reliefs, vases, chapiteaux, sarcophages, bronzes, ainsi que les échantillons beaucoup plus rares de la mosaïque et de la peinture. Il y a là une mine inépuisable d'études et une source de jouissances qu'il faudrait savourer lentement, à petites doses. Durant la période la plus brillante de son développement artistique, Rome n'a été qu'une élève et une imitatrice parfois maladroite de la Grèce. La conquête de la terre classique de l'art lui avait appris à goûter le beau ; elle en avait emporté les chefs-d'œuvre par le droit du plus fort et elle en a ensuite attiré les artistes par les séductions de la richesse. Mais l'art moderne depuis la Renaissance n'est-il pas lui-même une réminiscence de la Grèce et de Rome ? Est-ce une raison de le dédaigner ?

Le voyageur qui visite ces sanctuaires de l'art, si nombreux

à Rome, est presque toujours trop pressé ; il sème sa route de
regrets. Je ne veux pas même aborder ce sujet ; il m'entraînerait
trop loin de celui que je me suis proposé.

Au iiie siècle de l'ère chrétienne, Aurélien, voulant mettre à
l'abri d'une surprise la ville impériale dont la banlieue avait depuis
longtemps débordé hors des murs de Servius Tullius, construisit
une nouvelle enceinte qui, appuyée à ses deux extrémités sur la
rive du Tibre et flanquée de trois cents tours, avait un développement d'environ vingt-cinq kilomètres. La surface enveloppée
(sans le Tibre) était cependant peu considérable : moins de
treize kilomètres carrés. C'est l'enceinte actuelle que Rome est
loin de remplir de nos jours, mais hors de laquelle a été bâtie,
sur la rive droite du fleuve, la cité Léonine. Alors elle renfermait environ 8 à 900000 habitants, d'après l'estimation
de M. Beloch, dans l'enceinte du mur d'Aurélien, et un million (1) environ en comprenant les faubourgs et les villas de la
campagne environnante. La densité était de 69000 habitants par
kilomètre carré, c'est-à-dire plus que double de celle de Paris,
qui comptait à peine 30000 habitants par kilomètre carré en 1886.
Il faut observer toutefois que la densité de la population de Paris
sous Louis XIV s'élevait à environ 49000 habitants par kilomètre
carré, qu'elle a diminué à mesure que les habitants se sont mieux
logés et que les rues se sont élargies ; qu'en 1881 la partie bâtie
de Rome avait une densité de près de 86000 habitants par kilomètre carré et qu'à Naples elle s'élève dans le quartier du port
jusqu'à 147000.

Jusqu'à ces derniers temps on ne possédait à Rome aucun
reste des habitations privées des anciens Romains, si l'on ne compte
pas comme telle la villa de Livie. En fouillant le terrain pour construire un nouveau quartier, on a mis au jour, non loin de la
porte Pia, deux maisons contiguës qui ont, si je ne me trompe,
quatre étages et dont le dernier seul émergeait au-dessus de la
couche des décombres. C'est assurément un échantillon très inté-
ressant pour l'histoire de la vie domestique des anciens. Il est
unique ; mais, à voir les autres masures du voisinage, il est per-
mis de supposer que plusieurs sont aussi des faîtages et qu'en
creusant on reconstituerait un de ces îlots de hautes maisons
qui caractérisaient les quartiers populeux de Rome. C'est une

____

(1) Le docteur Castiglione porte même à 1336000, la population de Rome sous
Auguste.

œuvre que nous recommandons au ministre de l'instruction publique et à l'édilité romaine, et qu'il faudrait se hâter d'entreprendre sous peine de voir la spéculation ensevelir à jamais ces souvenirs sous des constructions nouvelles.

La population pouvait se loger à l'étroit et atteindre, par suite, une très forte densité, parce qu'elle vivait beaucoup hors de son foyer, dans les thermes, sur les places et dans les basiliques; les empereurs cherchaient à se rendre populaires en donnant ample satisfaction à ce goût.

A Pompéi, la soudaineté du malheur qui a enseveli la ville a été une merveilleuse fortune — qu'on me pardonne ce mot — pour l'archéologie, qui retrouve pour ainsi dire intact l'appareil de la vie antique dans une ville de province; il n'y manque que la vie même. Les maisons présentent un contraste digne de remarque : d'une part, l'élégance des habitations riches et, malgré l'exiguïté de la plupart des pièces, la commodité de leur distribution en vue de rendre agréable le séjour de la maison ; d'autre part, l'étroitesse des *tabernæ* qu'habitaient les petits marchands et artisans.

Si ces derniers n'avaient pas au premier étage — les étages n'existent plus — quelque appentis où ils montaient par une échelle, ils étaient réduits à vivre, eux et leur famille, et à exercer leur commerce dans un espace de quelques mètres carrés qui ne recevait le jour et l'air que du côté de la rue. On comprend que cette classe de la population allât chercher ses distractions dans les lieux publics. D'ailleurs ces mœurs n'ont pas entièrement disparu. Je les ai observées particulièrement à Naples, où elles m'intéressaient à cause du voisinage de Pompéi. J'y ai vu des rues entières où les boutiques avaient, avec des dimensions un peu plus grandes, une disposition semblable : de trois côtés, des murailles sans fenêtre, le quatrième ouvert pendant le jour sur la voie publique de toute la largeur de la boutique et fermé la nuit par des volets. On aperçoit encore à Pompéi des rainures en pierre dans lesquelles s'adaptaient des volets de ce genre. Dans le fond de la boutique, toujours sombre, quoique éclairé par des lampes dont la forme n'a pas changé depuis l'antiquité, les lits et l'armoire ; sur le devant, le fourneau, l'établi et les outils du métier ou les marchandises à vendre ; la famille tout entière ramassée dans ce réduit, quand il pleut, mais débordant sur la rue dès que le temps devient beau et encombrant la voie dont elle fait, avec l'assentiment sans doute de la police urbaine, sa cuisine et son atelier. Cet empiétement sur le domaine public rend tolérables des logements qui ne le seraient pas autrement. Ainsi agissaient sans doute les gens de Pompéi et ceux de Rome. Ne voit-on pas encore aujourd'hui dans cette ville des situations analogues quand on passe devant les sombres boutiques qui s'enfoncent entre les colonnes du théâtre de Marcellus et dans le Ghetto? Ainsi, même sous un climat moins doux, agissent les paysans en maint village de France et dans plus d'une ville ; dernièrement j'en faisais la remarque en descendant une des rues de Honfleur.

Rome, nous l'avons dit, conserve très peu de traces de ces mœurs du petit peuple. Seuls ses édifices monumentaux n'ont pas été complètement ensevelis sous la marée des décombres qui a élevé le niveau du sol de six à huit mètres sur beaucoup de points. Or, à l'exception de la prison Mamertine, des lourdes assises du Tabularium, de quelques tombeaux, comme celui de Publicius Bibulus, et de fragments de muraille, comme celui de la Roma quadrata au Palatin, ceux de l'ancienne enceinte de Servius Tullius qu'on voit dans un square de la via Nazionale, dans la cour d'une maison voisine et sur l'Aventin, les édifices appartiennent à la période impériale.

Un républicain me disait qu'il lui était impossible d'admirer et même de regarder sans haine ces restes qui ne lui rappelaient que le souvenir du despotisme triomphant. Je n'ai pas été surpris de ce sentiment qu'il croyait peut-être original : c'est celui que Mme de Staël prête à Oswald, qui « ne voyait dans ces lieux que le luxe du maître et le sang des esclaves ». Mais je pense qu'on peut être un sincère républicain sans le partager, et que, malgré la puissance qu'exercent les souvenirs historiques sur l'impression que fait la ruine, on peut évoquer la civilisation romaine tout entière à la vue des restes du Forum sans ressentir particulièrement une émotion douce pour la muraille du Tabularium et une émotion poignante pour l'arc de Titus, et jouir de ses sensations, sans les détruire par une trop subtile analyse. Si nous devions porter jusque-là le scrupule, aucun ami de la liberté ne pourrait s'intéresser aux monuments de l'Égypte, de l'Assyrie, de l'Inde, et ne ferait grâce même au Parthénon dont des mains serviles ont contribué assurément à élever les murailles.

III

Un siècle après le voyage de Rutilius Numatianus, l'Italie avait pour maître un barbare ; mais ce barbare était Théodoric qui restaurait les monuments déjà dégradés par l'abandon et la misère et par le double pillage d'Alaric et de Genséric. Son conseiller Cassiodore, grand admirateur de l'antiquité, se plaignait de la dépopulation (1) : « L'ampleur des murailles de Rome, disait-il, la vaste enceinte des théâtres, la merveilleuse grandeur des thermes attestent quelle était la multitude des citoyens. » Cependant on comptait encore les palais et les fontaines par dizaine de mille, les bains et les statues par milliers.

La décadence continua avec les siècles. Les chrétiens furent destructeurs à leur manière comme l'avaient été les barbares. Ils devancèrent même ces derniers en mutilant, avant le temps des invasions, les temples et en brisant les statues des dieux de la vieille religion romaine, vaincue et proscrite ; à plusieurs reprises les empereurs rendirent des édits ordonnant la destruction des idoles, et, sous Honorius, presque aucune statue ne restait debout : c'était la revanche des persécutions. Plus tard, Bélisaire, défendant la ville contre les Goths, et cinq siècles après, Robert Guiscard, venant au secours du pape, couvrirent, dit-on, le sol de plus de ruines que n'en avait fait Genséric. Enfin, malgré la grande renommée dont Rome n'avait cessé de jouir dans le monde et l'affluence ininterrompue des pèlerins qui venaient prier dans ses sanctuaires, il fut un temps où, pendant le séjour des papes à Avignon, la population tomba probablement au-dessous de 200 000 âmes. Le docteur Castiglione, qui a fait de cette question une étude consciencieuse, estime qu'elle est descendue jusqu'à 17 000 et qu'elle n'a jamais dépassé beaucoup ce nombre pendant toute la période de la plus grande puissance des papes, de la fin du xiie siècle jusque vers la fin du xive siècle. C'est sans doute en partie à la décadence de cette période qu'il faut attribuer le peu de monuments de style ogival que possède Rome.

Un grand changement s'était opéré durant cette longue période de souffrances. Le christianisme avait remplacé le paganisme.

---

(1) Le docteur Castiglione estime que, dès l'an 335 de l'ère chrétienne, Rome n'avait plus que 300 000 habitants.

Les premiers monuments qui attestent cette transformation ont été longtemps dédaignés des artistes et mal interprétés par les érudits. Corinne ne voulait pas conduire Oswald aux catacombes, parce que « l'âme est si mal à l'aise dans ce lieu qu'il n'en peut résulter aucun bien pour elle ». Il est vrai qu'à cette époque le Père Marchi et M. de Rossi n'avaient pas encore, par leurs patientes et ingénieuses investigations, attiré l'attention sur ces témoins des origines du christianisme en expliquant leur histoire. Aujourd'hui, si les coudes ne sont pas à l'aise dans les étroites galeries des catacombes, l'âme y est pénétrée d'un sentiment de recueillement religieux, et il semble que l'esprit y conçoive mieux la force morale de cet âge héroïque de la religion qui a fourni, avec l'antiquité grecque et romaine, les principes de notre civilisation moderne.

Les premiers peuples civilisés de l'Italie qu'on désigne sous le nom d'Étrusques et dont l'archéologie contemporaine a si heureusement exhumé les monuments, enterraient leurs morts. Par un usage qui est resté général au moins jusqu'au II° siècle, les Romains brûlaient les leurs. Les chrétiens les conservèrent en vue de la résurrection de la chair. Malgré les protestations des docteurs, comme celle de Saint-Augustin dans la *Cité de Dieu*, la foule des fidèles croyait que cette résurrection n'aurait lieu qu'autant que la dépouille mortelle avait reçu les honneurs de la sépulture, et des savants même partageaient cette opinion ; Lactance en effet a écrit que si Jésus-Christ avait choisi le supplice de la mise en croix, c'était afin que son corps fût conservé intact pour la résurrection du troisième jour : c'est ce que M. Le Blant a solidement établi dans son mémoire sur les martyrs chrétiens. Mais il était moins facile de ménager une place à des corps qu'à des urnes étagées dans un *columbarium*, et il n'est pas étonnant que les premiers chrétiens, qui formèrent longtemps une sorte de secte secrète, souvent tolérée et parfois proscrite, aient cherché quelque mystère pour leurs sépultures. Ils n'allèrent pas, comme on l'a cru longtemps, cacher leur culte et les reliques de leurs saints au fond de carrières abandonnées. Il suffit de visiter une catacombe pour avoir sur ce point une opinion arrêtée.

Les galeries, qui ont moins d'un mètre de largeur, n'ont jamais pu servir à l'extraction de la pierre, pas même vraisemblablement à celle de la pouzzolane. Elles ont été taillées généralement dans un tuf noirâtre et tendre, uniquement dans le but de pra-

tiquer sur les deux parois latérales des entailles de la dimension
d'un cadavre couché sur le dos; ces entailles, dites *loculi*, qui
n'ont guère qu'une trentaine de centimètres de hauteur et dont
la longueur varie selon qu'elles étaient destinées à un adulte ou
à un enfant, étaient disposées sur plusieurs rangs, de trois à
six, de douze quelquefois quand la solidité du tuf permettait de
donner une grande élévation à la galerie. Lorsque le corps avait
été déposé dans ce sépulcre, on fermait l'ouverture presque au
niveau de la paroi par un scellement de grandes tuiles ou de
plaques de marbre.

A mesure qu'augmentait le nombre des tombeaux, on prolon-
geait les galeries, et, pour utiliser la place sans sortir du champ
qui appartenait à la communauté chrétienne ou sous lequel elle
avait été autorisée à creuser son cimetière, on ramenait ces galeries, presque toujours à angle droit, dans diverses directions et
on en faisait plusieurs étages ; on en a trouvé jusqu'à cinq.

Aux martyrs on faisait presque toujours l'honneur d'une
tombe plus solennelle en creusant dans la paroi une arcade au-
dessus du *loculus* qui renfermait leur dépouille ou, plus générale-
lement, en ménageant une chambre carrée de deux à trois mètres
de côté, dont trois parois pleines creusées ainsi en arcade conte-
naient les tombes de plusieurs martyrs. C'était un honneur de
reposer près de leurs saintes reliques ; c'était même plus, car on
espérait que le mort obtiendrait ainsi la protection du saint dans
l'autre monde et que. dans la tombe, son corps et son âme seraient
hors de l'atteinte du diable, que devaient écarter sur un certain
rayon les reliques du saint. Aussi les familles ambitionnaient-
elles ce voisinage pour les personnes qui leur étaient chères,
surtout les mères pour leurs enfants. Les sépultures des martyrs
se distinguent non seulement par l'arcade caractéristique, mais
par les niches accumulées confusément tout autour en nombre
aussi grand que l'espace le permettait, et avec une indiscrétion
qui allait quelquefois jusqu'à couper le tuf au milieu d'une peinture et même à entamer l'arcade. Cette pratique dura jusque par
delà Constantin qui interdit, par respect pour ces tombeaux, la
sépulture dans les catacombes.

Il ne faut pas aller dans ces sombres lieux pour y admirer des
chefs-d'œuvre de l'art; d'ailleurs la plupart de ceux qui existaient
ont été transportés dans les musées, et c'est surtout à Saint-Jean-
de-Latran et au Vatican qu'il convient de les étudier. Les chré-

tiens de ce temps avaient le cœur humble et la plupart étaient
pauvres; ils n'élevaient pas de monuments somptueux. D'ailleurs,
quoique les catacombes appartiennent à un monde nouveau, les
fidèles ne se séparaient pas autant qu'on pourrait le croire de la
société dans laquelle ils vivaient. Ils n'avaient pas été les premiers à creuser des cimetières souterrains; les juifs les avaient
devancés, ayant peut-être emprunté eux-mêmes cet usage aux
hypogées de l'Égypte ou aux nécropoles de la Phénicie; dès le
règne d'Auguste, la colonie hébraïque de Rome enterrait ses
morts dans un contrefort du Janicule, tandis que les plus
anciennes inscriptions trouvées dans les catacombes chrétiennes
ne datent que du règne de Vespasien. Les sujets des rares sculptures dont les chrétiens ornaient les plaques tombales et des peintures qu'on voit dans les chambres consacrées aux martyrs ou
à de grandes familles procèdent de l'art païen, parce que les
artistes ne connaissaient pas encore d'autre école : le motif d'Or-
phée attirant les animaux sauvages au son de sa lyre s'y trouve
plusieurs fois et figure le Bon Pasteur.

C'est peu de temps avant le triomphe politique du christianisme que l'art chrétien a commencé à se dégager; il paraît
même qu'on n'a pas encore découvert d'image du crucifiement,
l'emblème le plus populaire du christianisme, antérieure au
vi^e siècle. Mais, à mesure que le type devient plus original, l'art
proprement dit s'appauvrit; la décadence est générale; elle
n'épargne pas les œuvres chrétiennes. Seulement celles-ci, au
lieu d'être maniérées et lourdes comme celles du paganisme
vieilli, ont un certain charme naïf et parfois un profond sentiment
de piété qui leur ont fait trouver grâce devant la critique. Quelques-unes des figures des catacombes, peut-être trop vantées, sont
célèbres à ce titre; pour moi, je recommande aux amateurs une
madone du ixe siècle tenant dans ses bras l'Enfant Jésus, qui est
peinte sur un rocher du monastère de Saint-Benoît, près de
Subiaco, et qu'un excellent juge en cette matière, M. Le Blant,
directeur de l'École française d'archéologie, m'a signalée comme
un des exemples remarquables de cette naïveté expressive.

Les catacombes ont eu leurs vicissitudes. Si elles n'ont pas
été d'abord des lieux secrets, elles le sont probablement devenues
durant les persécutions du iiie siècle; car l'empereur Valérien
alla jusqu'à en interdire l'entrée aux chrétiens. On continua cependant à y porter les morts, mais on dissimula les entrées en

même temps qu'on les multiplia, afin d'échapper à la surveillance. Un siècle après, le christianisme triomphant étalait ses pompes au grand jour ; alors, loin de cacher les entrées, on les agrandit, on élargit les escaliers, on dégagea avec la pioche les abords des tombes des plus illustres martyrs devant lesquelles les pèlerins venaient en foule se prosterner, et on y dressa des autels pour célébrer la messe sur leurs reliques.

On fit plus. On déblaya le terrain jusqu'à la profondeur de la galerie et on construisit en contre-bas des basiliques dont l'autel fut adossé aux reliques du martyr. La basilique de Domitilla, située à l'entrée de la catacombe des saints Nérée et Achillée et découverte par M. de Rossi, est un des exemples les plus connus de cette transformation.

Ne peut-on pas penser avec certains archéologues que ces basiliques ont été l'origine des cryptes dans les églises ou des « confessions », comme on dit à Rome? Le souterrain de la basilique de Saint-Pierre paraît avoir été primitivement un édifice de ce genre, construit en un lieu que la piété des fidèles vénérait comme renfermant les reliques de saint Pierre. On sait que Constantin démolit le cirque de Néron pour élever cette basilique sur l'emplacement de ce cirque, théâtre des premiers martyres.

Du cirque de Néron il n'y a plus trace ; le Colisée n'est qu'une ruine et le tombeau d'Auguste est devenu une salle pour les combats de coqs et pour d'autres spectacles vulgaires, tandis que la plus grande basilique du monde moderne s'élève sur l'emplacement supposé de la mort de l'apôtre. Rome fournit ainsi un témoignage éclatant du changement qui s'est accompli dans la vie morale de l'Europe du iii⁰ au xvi⁰ siècle.

Depuis que le christianisme était religion d'État, des églises s'élevaient non seulement sur l'emplacement des catacombes, mais dans toutes les parties de la ville et hors de ses murs. Les chrétiens avaient emprunté aux basiliques dans lesquelles siégeaient les tribunaux romains le plan général de la construction qu'ils avaient modifié pour leur usage. La forme était celle d'un rectangle divisé en plusieurs nefs par des rangées de colonnes et terminé par une abside semi-circulaire. Le chœur était moins élevé que le sanctuaire, au fond duquel était l'abside ; la chaise de pierre de l'évêque y occupait la place du siège du préteur ; des deux côtés, des bancs de pierre pour les prêtres ; au milieu, l'autel, placé comme le banc des avocats. quelquefois dressé au-dessus d'une confession et surmonté d'un baldaquin. Dans le chœur étaient les deux ambons ou chaires destinées à la lecture de l'évangile et de l'épître. Les fidèles se tenaient dans la nef principale, au delà du chœur et dans les nefs latérales. L'église de Saint-Clément, quoique rebâtie postérieurement au ixe siècle, donne une idée exacte de ce genre de construction et est plus curieuse encore par la basilique souterraine découverte, il y a peu d'années, sous l'église plus récente qui est déjà elle-même au-dessous du niveau du sol actuel. Comme les temples païens, dont le nombre était considérable, étaient devenus inutiles faute d'adorateurs, que beaucoup avaient été dépouillés de leurs richesses par les pillages des barbares et dégénéraient d'eux-mêmes en ruines faute de soins, les chrétiens ne se firent pas scrupule de leur emprunter des marbres et des sculptures ; c'était une carrière inépuisable, facile à exploiter, dont les matériaux étaient tout appareillés.

Dans cette translation, les colonnes passèrent de l'extérieur des temples païens à l'intérieur des basiliques chrétiennes, ainsi que les frises et les architraves que les maçons alignèrent sans même prendre toujours garde d'assortir les dessins. Ce fut, en réalité, l'art antique qui défraya les constructions nouvelles ou qui fournit les édifices tout préparés, lorsque les évêques en trouvèrent à leur convenance, comme le très curieux baptistère de Saint-Jean-de-Latran, le temple rond de Vesta qui devint une chapelle de Saint-Étienne, le temple carré de la Fortune virile qui fut consacré à la Vierge en l'an 972, les églises Santa Francesca Romana et Santa Maria in Cosmedin, bâties sur l'emplacement du temple de Vénus et de Rome et sur celui du temple de Cérès et de Proserpine. Si les chrétiens montrèrent de l'originalité en architecture, c'est surtout par l'emploi fréquent de la mosaïque que les Byzantins leur avaient enseigné ; nous signalons surtout celle de Sainte-Pudentienne qui passe pour une des plus anciennes de Rome et celles de Sainte-Praxède, et nous ajoutons avec plaisir que cet art s'est renouvelé et rajeuni par les remarquables travaux de la fabrique du Vatican. Ce temple de Vénus et de Rome, un des plus magnifiques par la richesse de son ornementation, était demeuré debout jusque vers l'an 630 de l'ère chrétienne ; c'est le pape Honorius Ier qui fit enlever les plaques de bronze doré de la toiture pour en revêtir l'ancienne basilique de Saint-Pierre et qui le laissa découvert, exposé aux intempéries. Une trentaine d'années après, l'empereur byzantin Constant II, qui ne parut

à Rome que pour s'y faire exécrer par ses violences et ses pillages,
fit enlever les bronzes dorés de la toiture du Panthéon et en
chargea un navire dont les Sarrasins s'emparèrent non loin de
l'embouchure du Tibre.

L'histoire de cette transformation se lit dans mainte basilique de Rome. Dans aucune elle n'est écrite en caractères plus
frappants qu'à Saint-Laurent-hors-des-Murs. Le fond de la basilique, qui en est la partie la plus ancienne, date du vi^e siècle ;
pour l'étudier, il faut faire abstraction du pavage en mosaïque
qui coupe les colonnes à mi-hauteur et qui date du xiiie siècle,
époque où l'église fut remaniée et agrandie, et ne considérer que
les douze colonnes de marbre cannelées dont les bases se trouvent maintenant dans la crypte et dont les chapiteaux, élégam-
ment fouillés et supportant des fragments d'architraves non moins
riches, mais dépareillés, ornent le sanctuaire : ce sont des colonnes et des fragments provenant de monuments païens.

On accuse les barbares d'avoir détruit Rome : ils sont loin
assurément d'être innocents de ce crime. Mais les Romains, qui
ont continué pendant une longue suite de siècles l'œuvre de
destruction, ont beaucoup plus contribué que les Goths et les Vandales à anéantir les glorieux souvenirs de l'antiquité. Les barbares prenaient surtout les métaux, les étoffes et les autres objets qui, ayant une grande valeur sous un petit volume, pouvaient
aisément être transportés ; il est vrai que souvent aussi ils bri-
saient ou brûlaient ce qu'ils n'emportaient pas. Quant aux Ro-
mains, ils n'ont pas cessé, du ve au xive siècle, de démembrer les
monuments pour en enlever les parties pouvant servir au culte.
Ils ont démoli systématiquement, sans que les édifices qu'ils élevaient avec les débris, quelque intéressants qu'ils soient pour
l'histoire de l'architecture, aient le même mérite artistique. Toutefois on peut accorder au christianisme des circonstances atté-
nuantes par la considération qu'en employant ces matériaux dans
les églises, il leur a donné une consécration religieuse qui les a
conservés dès lors à l'abri du vandalisme pour l'instruction de
la postérité.

La féodalité a été plus brutale. Elle n'a été que destructive.
Partout où elle a trouvé une grosse masse de pierres, elle en a
muré les ouvertures, crénelé le sommet et elle a converti en for-
teresses non seulement le tombeau d'Adrien, le Colisée et le Capitole qui semblaient préparés pour cet usage, mais des palais,

des temples, des arcs de triomphe, des mausolées. Rome n'a pas été seule victime de ce vandalisme; la tour carrée des arènes d'Arles atteste qu'elles étaient devenues une forteresse et on nomme encore « tour de l'arc » l'arc de triomphe d'Orange. Elle a mis dans le four les pierres et les marbres sculptés pour les convertir en chaux. Quand elle a pris des pierres toutes taillées comme matériaux de ses édifices, elle les a assemblées au hasard, sans dessin et sans goût, comme dans la maison de Rienzi, qui avait été bâtie bien avant que ce tribun l'ait habitée. Comme les guerres intestines entre seigneurs ont, durant des siècles, désolé Rome, maintes fois le parti vainqueur a démantelé les châteaux forts des vaincus : autant de ruines antiques qui disparaissaient. Un seul podestat, pour mettre fin à l'insolence de la noblesse, en fit raser cent quarante.

Pendant le séjour des papes à Avignon, l'anarchie fut à son comble à Rome et les édifices religieux mêmes tombèrent en ruines. « Le Latran s'en va en débris, disait avec douleur Pétrarque ; la mère de toutes les églises, manquant de toit, est ouverte aux vents et aux tempêtes. »

Le IIe et le IXe siècle marquent à peu près les limites de ce que je nomme la période artistique du christianisme naissant et triomphant. Mais, puisque j'ai parlé du moyen âge jusqu'au XVe siècle, je commettrais une injustice si je ne disais pas qu'à côté des préjudices qu'il a causés à l'art, il a créé des œuvres qui sont, il est vrai, pour la période du XIIe au XVe siècle, en petit nombre, mais qui ne sont pas sans charme et que je crois d'autant plus devoir citer que tous les critiques ne partagent pas le sentiment favorable qu'elles m'ont inspiré : les principales sont les cloîtres de Saint-Jean-de-Latran et de Saint-Paul-hors-des-Murs, le palais et l'église de Sainte-Marie-sur-la-Minerve, la seule église ogivale que Rome possède et dont j'ai admiré les belles proportions, malgré la profusion des marbres qui en altèrent la sévère simplicité, l'appartement des Borgia et la chapelle de Fra Angelico au Vatican, dont la décoration très remarquable est trop peu connue des visiteurs; enfin le palais de Venise qui frappe tous les regards, par sa situation à l'extrémité du Corso et par la lourde masse de sa construction.

IV

Pour dresser le bilan de la Renaissance à Rome, il faudrait pouvoir établir le double compte de ce qu'elle a créé et de ce qu'elle a détruit.

Avec le sentiment du beau se développa la conscience du tort que les dévastations faisaient à la ville éternelle. Le pape vénitien Eugène IV entreprit, dès 1440, quelques restaurations et, au commencement du xvi⁰ siècle, un Piccolomini, Pie III, punit de la peine de mort la dégradation des monuments. N'est-ce pas ce même Piccolomini qui exhalait sa douleur en ces termes : « Ton peuple brûle les marbres arrachés à tes vieux murs pour en faire de la chaux, et si cette race impie agit ainsi encore trois fois cent ans, il ne restera plus trace de ta grandeur » ? Les menaces n'arrêtèrent pas le mal. Jusqu'au xix⁰ siècle, on a employé les pierres des ruines à faire de la chaux.

Rome d'ailleurs n'a pas été pendant cette période à l'abri des désastres qui l'avaient tant de fois ruinée au commencement du moyen âge. Le sac de la ville par les lansquenets du connétable de Bourbon a renouvelé les horreurs commises par les Vandales. Rome paraît n'avoir eu encore alors au temps des splendeurs de Léon X et de Jules II que 30 à 40 000 habitants. La paix lui fut propice : elle en comptait 110 000 en 1600 et 153 000 en 1800.

Le goût des arts eut aussi le fâcheux effet d'organiser et d'étendre le pillage. Pour orner les palais et les églises, les architectes du xvi⁰ siècle enlevèrent les colonnes parce qu'elles étaient belles, comme les chrétiens du vii⁰ siècle les avaient prises pour construire leurs basiliques parce qu'elles étaient utiles. On peut, en comparant la liste dressée par Raoul Rochette des monuments anciens qui subsistaient au commencement de la Renaissance et celle des monuments qui existent encore, mesurer l'étendue des pertes. Le palais de la Chancellerie doit en partie sa svelte élégance aux quarante-quatre colonnes de granit que l'architecte tira d'une église pour la construction de laquelle on les avait, longtemps auparavant il est vrai, tirées d'un portique romain, peut-être du théâtre de Pompée. On a enlevé à cette époque environ deux cents colonnes qui étaient encore debout dans les Thermes de Dioclétien, et Michel-Ange a installé l'église de Sainte-Marie-des-Anges dans une salle de ce monument. La construction du palais du Quirinal, puis celle du palais Rospigliosi ont enseveli les ruines des Thermes de Constantin. Le palais Farnèse est orné avec les pierres du théâtre de Marcellus et du Colisée. Ce même Colisée pourrait réclamer ses matériaux à bien d'autres édifices pour lesquels il a servi de carrière, à commencer par le vaste et austère palais de Venise. Au xvii" siècle, Paul V enlevait des colonnes du forum de Nerva pour ériger la fontaine Pauline, et Urbain VIII dépouillait la voûte du Panthéon de ses bronzes pour fondre des canons et fabriquer les colonnes du baldaquin de Saint-Pierre. Le xviii" siècle a vu démolir une partie des galeries des Thermes de Titus pour en extraire le salpêtre. Il a vu d'ailleurs, quoique tout voisin du nôtre, commettre beaucoup d'autres crimes de lèse-antiquité : par exemple, un Farnèse fouiller méthodiquement le palais de Domitien qu'il avait découvert dans sa propriété du Palatin, en enlever les précieux objets, statues, chapiteaux, marbres, et cacher ensuite sa destruction en rejetant la terre sur les ruines. M. Pietro Rosa les a dégagées de nouveau, et l'intérêt qu'elles offrent encore malgré leur nudité fait d'autant plus regretter celui qu'elles ont perdu.

Combien d'autres avant ce prince avaient, depuis le xvi" siècle, remué les décombres pour en tirer des objets d'art, et avaient, avec moins de peine, enlevé à peu près tous ceux qui étaient jusque-là restés gisants sur le sol. Les mieux inspirés en ornaient leurs palais et leurs villas; les plus avides en faisaient commerce, exploitant leur domaine, parfois même le domaine des autres, comme ils eussent fait d'une mine du Pérou : c'est grâce à leur instinct mercantile que les seigneurs étrangers et, par suite, la plupart des musées européens ont pu acquérir des œuvres antiques. Quand ils croyaient avoir extrait tous les trésors, les Italiens comblaient, comme fit le duc de Parme, l'excavation, sans même laisser d'ordinaire à l'érudition le loisir de profiter de leurs recherches.

Les thermes, autrefois richement ornés, surtout ceux de Caracalla, qui ont fourni le célèbre torse du Belvédère, l'Hercule Farnèse et la Vénus Callipyge, et ceux de Constantin, où se trouvaient les chevaux de la place du Quirinal, ont été, avec la villa d'Adrien, au nombre des mines les plus productives en ce genre.

Un grand nombre de ruines disparurent ou furent dépouillées. Ainsi le temple de Saturne, sur le Forum, existait encore presque entier au xvi° siècle; au xvii° siècle, il était à peu près dans l'état où nous le voyons. Les antiquités passèrent dans les églises, dans les palais, sur les places publiques. « Raphaël, remarque Mme de Staël, a dit que Rome moderne était presque en entier bâtie avec les débris de Rome ancienne ; et il est certain qu'on n'y peut faire un pas sans être frappé de quelques restes de l'antiquité. » A cette époque donc, comme au moyen âge, ce sont les Romains qui ont démoli Rome de leurs mains. La première fois, ils l'avaient fait par haine, par ignorance ou par nécessité; la seconde fois, ils le firent par passion pour les arts ou pour le gain.

Mais, à l'époque de la Renaissance, ils ont créé beaucoup plus qu'ils n'ont détruit. Rome leur doit sa seconde immortalité artistique et le charme le plus puissant qui attire de nos jours les étrangers et retient les artistes dans ses murs. Architecture, sculpture, peinture, les trois grands arts plastiques ont concouru à sa gloire nouvelle et n'ont cessé pendant un siècle et demi d'y multiplier leurs œuvres, dont plusieurs sont des chefs-d'œuvre du génie humain, et dont la plupart, quoique de valeur inégale, sont très remarquables.

Il y a pour cette période, comme pour l'antiquité, une remarque qui mérite d'être notée, c'est que Rome n'a pas possédé l'inspiration créatrice et qu'elle n'a pas eu le mérite de l'initiative. A la fin de la République et dans les premiers siècles de l'Empire, elle avait imité la Grèce ; dans son mouvement de renaissance, au xve siècle, elle a suivi tardivement Florence, Venise et les villes de la Toscane et de l'Ombrie.

L'histoire fait commencer ce mouvement avec Giuliano da Majano qui a construit le palais de Venise vers 1470, ou plus exactement, avec le Florentin Baccio Pantelli, qui a travaillé à Rome dans le dernier quart du xve siècle. Les grandes œuvres cependant datent du commencement du xvie, lorsque le Bramante, qui avait déjà passé la cinquantaine, vint mettre son talent pur et noble au service de Jules II. Des deux principaux monuments qu'on cite de lui, la petite rotonde de San Pietro in Montorio, quelque parfaite qu'elle soit pour l'œil exercé d'un architecte, ne fait qu'une faible impression sur un amateur profane, parce qu'elle paraît étriquée entre les murailles qui l'enserrent; on en goûte peut-être mieux l'harmonieuse simplicité lorsqu'on en examine le dessin dans le cabinet, que lorsqu'on est en face du monument. Au contraire, aucun ensemble ne m'a paru aussi délicieux — qu'on me pardonne le mot — que la cour du palais de la Chancellerie. On y sent un art simple et sobre qui ne cherche à obtenir l'effet que par la parfaite harmonie des lignes nécessaires à la construction ; la superposition des deux rangées d'arcades, l'ampleur des cintres, la légèreté des colonnes antiques qui les supportent, la discrète ornementation des rosaces et des chapiteaux en font un monument qu'aurait pu signer un artiste grec, si les Grecs avaient connu le plein cintre.

Le palais Farnèse est, avec la Chancellerie, le chef-d'œuvre de l'architecture civile à Rome : des connaisseurs l'ont même proclamé le plus beau palais des temps modernes. Je n'ai pas autorité pour décider de la prééminence. Par un goût personnel, j'incline à préférer la simplicité de la Chancellerie. Mais j'admire la vigueur des reliefs du palais Farnèse ; j'y ai reçu l'hospitalité et, tous les matins, j'ai pu de ma fenêtre contempler la puissante ornementation de la cour, la solidité des pilastres flanqués de demi-colonnes et des arcs du rez-de-chaussée, la répétition agréable à l'œil des mêmes motifs encadrant les fenêtres du premier étage et, instruit par les maîtres, j'ai regretté avec eux que Michel-Ange n'eût pas conservé au second étage l'ordonnance générale du plan d'Antonio da San Gallo.

On compte aujourd'hui à Rome plus de vingt palais remarquables et une dizaine de villas dont la moitié environ datent du xvi⁰ siècle, et dont le plus récent, le palais Braschi, devenu le ministère de l'intérieur, appartient à la fin du xviii⁰. Durant cette longue période de trois cents ans, le goût n'est pas resté toujours pur ; il y a un abîme entre le portique de la Chancellerie et le grotesque contournement du clocher de la Sapienza. Cependant, même dans les temps de décadence, l'architecture romaine avait un grand air et je crois qu'au siècle dernier aucune capitale, excepté peut-être Venise, ne pouvait rivaliser avec Rome pour le nombre et la beauté des monuments civils. Voltaire disait que Paris n'avait que quatre belles fontaines et dans le nombre il citait, avec raison, celle de la rue de Grenelle que les Parisiens semblent trop oublier. Cependant quelle distance entre cette œuvre et les fontaines de la place Navone où le Bernin a déployé beaucoup d'art tout en faisant preuve de mauvais goût et où ses prédécesseurs avaient mis surtout de l'esprit ! Rien chez nous ne pouvait alors être comparé à la fontaine monumentale de Trévi, construite vers le milieu du xviii⁰ siècle, qui, malgré son dessin théâtral, produit un grand effet !

Je ne prétends pas que tous les monuments de ce genre soient beaux à Rome ; je traversais trop souvent le carrefour des Quatre-Fontaines pour avoir une telle illusion. Mais je dis que les Italiens ont eu de tout temps une grande habileté de décoration.

S'ils ont pris les statues des ruines antiques, ils en ont fait un emploi très heureux pour l'ornementation de leurs propres palais. Les exemples abondent ; le plus charmant de tous est peut-être le palais Massimi, qui est le chef-d'œuvre de Balthasar Peruzzi et un des bijoux de la Renaissance. Je ne puis résister au plaisir de citer aussi le palais de la Farnésine qui est du même architecte et où les fresques de Raphaël attirent la foule, la petite cour du palais Mattei, les escaliers et la façade du palais Barberini, et même le palais Spada, malgré le mauvais goût de certaines parties de l'ornementation qui annonce, dès la fin du xvi⁰ siècle, le commencement de la décadence.

Les Romains ont paré ces palais de peintures. Plusieurs, entre les maîtres les plus illustres du temps, sont venus, à l'appel des papes, y consacrer leur talent. Raphaël a composé pour eux sa *Galatée*, et Guido Reni son *Aurore*. Toutefois les Italiens me paraissent avoir, même dans le grand siècle, abusé du décor. J'approuve les peintures sur les voûtes et les plafonds et je comprends, dans certains cas, celles des fonds de galerie qui prolongent la perspective et qui l'égaient, quoique ces dernières aient parfois l'inconvénient de déformer les lignes de l'architecture ; mais je ne peux pas m'habituer aux trompe-l'œil et |accepter une grisaille pour compléter une colonnade ou pour suppléer aux rosaces d'un plafond. Il faut de la franchise dans l'art, comme il faut de l'honnêteté dans la vie. Le goût de la décoration excessive et la fiction décorative semble inné en Italie, chez ce peuple qui aime la couleur et auquel le soleil la prodigue ; car il est déjà manifeste à Pompéi et il se retrouve chez les architectes contemporains, qui ont voulu faire vite et à peu de frais les nouveaux édifices de Rome.

Voici une remarque fine et judicieuse de Mme de Staël : « On dirait souvent, à voir le contraste du dedans et du dehors des palais, que la plupart des grands seigneurs d'Italie arrangent leurs demeures pour éblouir les passants, mais non pour y recevoir des amis. » Elle aurait pu même accentuer davantage le reproche. En effet, ces palais sont beaucoup en dehors ; il suffit quelquefois d'en voir la façade et la cour pour les connaître. Ils fournissent en général peu de logement et surtout peu de commodité pour se loger. A la Chancellerie, par exemple, la moitié de la surface construite est en portiques. Au palais Farnèse, de longs corridors occupent, au premier et au second étage, à peu près autant de place; quand on pénètre dans les appartements, on admire la magnifique galerie d'Annibal Carrache, la hauteur des plafonds, les dimensions princières des salles d'apparat; mais on y cherche, souvent en vain, les dispositions intérieures les plus nécessaires à la vie de famille. Ce ne sont assurément pas les architectes italiens des siècles passés qui ont éprouvé le besoin de créer le mot « confortable ».

Le Guide Joanne dit qu'on compte à Rome 389 églises. La plupart ne sont pas ou ne paraissent pas être antérieures à la Renaissance. Cependant, quand on ne se contente pas de les juger sur la façade, on trouve souvent dans l'intérieur, comme à Sainte-Praxède, à Sainte-Pudentienne, à San-Theodoro, de curieuses parties d'architecture ou de mosaïque qui remontent au delà de l'an 1000 et on aperçoit à l'extérieur des clochers et des soubassements datant de l'époque byzantine. Dans le nombre, il y en a une trentaine qui méritent tout particulièrement l'attention des amateurs et il n'y en a pour ainsi dire pas une seule qui, au premier abord, ne cause, surtout à un visiteur venu des contrées au nord des Alpes, un certain étonnement, peut-être même une déception.

Il était disposé à penser que l'expression du sentiment religieux ne devait être nulle part plus profonde et plus saisissante que dans les sanctuaires de la capitale de la chrétienté, et cependant l'impression qu'il ressent est autre que celle du recueillement. Il voit presque partout des marbres multicolores et des dorures à profusion, des autels surchargés d'ornements qui sont parfois très riches, mais qui trop souvent sont de clinquant, des plafonds divisés en caissons de haut relief plus souvent que des voûtes. Pendant que l'intérieur est trop paré, l'extérieur l'est trop peu; comme il est rarement dégagé des constructions environnantes, il a été sacrifié par l'architecte; les façades, seules apparentes, sont pour la plupart dans le style lourd et monotone des jésuites.

Quand il compare la majesté sévère des cathédrales ogivales du nord à ces somptueux édifices, qu'on transformerait facilement en salles de fêtes, il reconnaît qu'il avait eu tort de penser ainsi et il est porté à conclure que la piété des Francs du xiiie et

du xiv° siècle a été plus près de réaliser dans un monument
l'idéal chrétien, que la sainteté des pontifes disposant de la
science des savants architectes de l'Italie. Il n'en a pas été partout ainsi dans la péninsule ; car, non loin de Rome, la cathédrale
ogivale d'Orvieto peut sans désavantage être mise en parallèle
avec celles de la France.

Les deux églises où le défaut d'une ornementation exagérée
est le plus sensible sont peut-être celles de Jésus et de Saint-
Ignace ; la puissante Compagnie de Jésus n'y a rien épargné pour
glorifier avec pompe son nom et celui de son saint fondateur, et
elle a dépassé le but — tel du moins que je le conçois — en voulant honorer la divinité par une accumulation étonnante de
richesses plutôt qu'édifier les fidèles par la majesté du sanctuaire.
Cependant, que de parties curieuses à considérer ! Je n'exclus de
la liste de ces curiosités ni les pierres précieuses et la statue
d'argent de la chapelle de Saint-Ignace dans l'église de Jésus, ni
le tour de force de perspective qu'a accompli le Père Pozzi en
peignant la voûte de l'église de Saint-Ignace. Le voyageur trouve
pour ainsi dire à satiété des détails intéressants dans les églises,
et parfois il a le bonheur d'y admirer des œuvres dont une seule
vaudrait le voyage, comme les « Sibylles » de Raphaël et le « Moïse »
de Michel-Ange, la plus étonnante et la plus grandiose des créa-
tions de la statuaire.

A certains jours et à certaines heures, les églises, surtout
celles de l'intérieur de la ville, se remplissent de fidèles ; le reste
du temps on n'y rencontre que deux ou trois femmes agenouil-
lées près d'un confessionnal et quelques couples de touristes, le
Bædeker à la main ; on peut étudier à loisir. J'ai été frappé de
cette solitude à Saint-Paul-hors-des-Murs, immense basilique
déserte dans un lieu désert. Quoique récemment reconstruite,
elle est sans aucun doute un des monuments les plus intéressants
du christianisme ; néanmoins, malgré l'ampleur des dimensions
et la sobriété des ornements, ses marbres et son pavé luisants
la font ressembler à une immense salle de bal, et elle étonne
plus l'œil qu'elle ne dispose l'âme à la prière.

Il y a deux sanctuaires qui sont trop connus pour qu'un étranger
passe sans les visiter, et trop vantés pour que le sentiment qu'il y
éprouve n'influe beaucoup sur le jugement général qu'il porte sur
Rome : ce sont la chapelle Sixtine et la basilique de Saint-Pierre.

La chapelle fait partie du Vatican, qui est lui-même un des

attraits les plus séduisants de Rome. Cependant, de prime abord, le Vatican, vu de la place Saint-Pierre, ressemble à une caserne ou à un bazar plutôt qu'à une demeure pontificale, et pour comprendre le plan d'ensemble il faut monter au sommet de la coupole de Saint-Pierre, d'où l'on aperçoit un assemblage un peu confus de palais étagés comme ceux des empereurs romains au Palatin et construits à diverses époques suivant le goût de chaque pontife. Quand on pénètre dans l'intérieur et qu'on examine le détail, on reconnaît qu'il renferme de beaux morceaux d'architecture, tels que la Scala Regia par laquelle on entre, le vestibule des appartements pontificaux, l'escalier du Bramante qui est voisin du Belvédère et trop peu connu, et on ne tarde pas à se joindre au concert de louanges des amateurs proclamant que le Vatican est unique au monde par la réunion des chefs-d'œuvre de la peinture italienne et de la sculpture antique conservés dans ses musées et par les trésors d'érudition inestimables de sa bibliothèque et de ses collections. Les Loges et surtout les Chambres de Raphaël suffiraient à jamais pour attirer à Rome des légions de curieux et pour y fixer des artistes pendant des années entières; un palais qui renferme ces modèles de science, de pureté et d'harmonie et où se trouvent, en outre, la « Transfiguration » et la « Vierge de Foligno » n'a rien à envier aux plus célèbres collections de l'Europe.

Il est regrettable que, lorsqu'on visite la chapelle Sixtine, on y pénètre par une porte dérobée. La lumière qui y est distribuée parcimonieusement d'un seul côté et par des fenêtres hautes, l'uniformité des murailles sur lesquelles il n'y a ni colonnes ni moulures en saillie, la simplicité extrême des boiseries, la nudité de l'autel démeublé, le sans-façon des artistes qui travaillent et des touristes qui regardent, tout concourt à produire d'abord une désillusion. En songeant à la chapelle qu'a décorée Michel-Ange et où officie le saint pontife, on rêvait quelque chose de grandiose, et ce qu'on voit ressemble de prime abord à une salle de tribunal en vacances. L'effet doit être tout autre quand le pape y dit la messe. Ce n'est que peu à peu et par un effort de la volonté que l'impression se réforme; mais il faut que l'œil ait eu le temps de distinguer un à un les tableaux du plafond et qu'à l'aide d'une glace qui renverse les images ou d'une lorgnette qui les rapproche, il ait examiné en détail quelques-unes des figures de cette gigantesque composition. Alors l'esprit du

visiteur commence à saisir, en partie du moins, la conception de
l'artiste; il admire l'aisance et la vigueur du dessin, la puissance
de l'exécution et il retrouve dans le tableau de la « Création de
l'homme » l'auteur de la statue de « Moïse ». Il faut encore un
plus grand effort pour comprendre le « Jugement dernier » dans
l'état de dégradation où il est; j'ai honte d'avouer que je l'ai mieux
vu au Palais des Beaux-arts à Paris qu'au Vatican à Rome.

Je me suis approché de la basilique de Saint-Pierre avec le
respect qu'on doit à tout ce qui est grand. J'en avais bien des
fois vu l'image et lu la description; j'étais préparé à la comprendre. Je n'ai cependant pas été saisi tout d'abord, comme on
l'est en voyant Notre-Dame de Paris. La colonnade du Bernin est
d'un effet imposant : elle ne trompe pas l'attente. Mais la façade de
la basilique n'annonce pas assez l'édifice; ses nombreuses fenêtres
conviendraient presque autant à un palais qu'à une église, et
comme toutes les parties sont également colossales, l'ensemble ne
semble pas l'être; il est vrai d'ajouter que derrière cette façade
on trouve un vestibule majestueux. A l'intérieur, la simplicité
du plan, la courbe pure des cintres et la large assise des pilastres
qui inspirent le sentiment de la solidité, l'harmonie de toutes les
proportions, produisent un effet semblable; le visiteur s'étonne
d'abord de n'être pas plus étonné. Il est même choqué par certains détails de sculpture et il regrette de voir saillir en marbre
blanc dans un tel lieu les anges bouffis du Bernin qui lui rappellent les Amours de Boucher dans les appartements de Louis XV.
Cependant, à mesure qu'il avance, qu'il regarde et qu'il compare,
il lui semble que les murs s'élargissent et que les voûtes s'élèvent
et, sans chercher à démêler ce qui, dans le mérite de l'œuvre,
revient au Bramante, à Raphaël, à Michel-Ange et à leurs conti-
nuateurs, il finit par admirer la majesté sereine du plus grand temple que le génie humain ait dressé au culte de la Divinité. Nous
ne parlons ni de la coupole, solidement assise sur sa base, ni du
souterrain et des anciens tombeaux des papes, parce que nous
ne pouvons ni ne voulons dire tout ce qui est digne d'attention
dans cette vaste basilique.

Les contrastes qu'on rencontre presque partout dans Rome
déconcertent l'admiration; les voyageurs pressés ou légers n'ont
pas le temps ou ne font pas l'effort de revenir sur l'impression de
la première vue et ne rendent pas entière justice aux innombra-
bles beautés dont la passion des papes pour les arts et la splen-

deur de leur cour ont doté la ville éternelle au xvi⁰ et au commencement du xvii⁰ siècle. Les mièvreries même de la décadence ont leur charme. J'ai entendu un maître dire qu'il était plus facile de dédaigner l'ornementation du Bernin que d'en comprendre l'ingéniosité, et il me semble qu'il disait vrai ; seulement, il faut que chaque chose soit à sa place, et je suis prêt à louer dans la fontaine de Trevi ce que je blâmerais dans la basilique de Saint-Pierre.

J'aime la nation anglaise parce qu'elle a non seulement donné au monde moderne le premier exemple d'un gouvernement parlementaire, mais parce qu'elle a dans son caractère et dans la suite de son histoire une personnalité qui fait sa grandeur. Je ne prends donc pas sous ma responsabilité la boutade d'Ampère contre les touristes anglais, mais je la cite volontiers, parce que, si je juge autrement que lui le monde comme économiste et comme philosophe, je suis prêt à partager son enthousiasme d'artiste : « Il ne faut pas, disait-il, que du haut de leur immortelle constitution, qui chancelle, et de leur sublime philanthropie, qui n'a pas encore trouvé de pain pour l'Irlande, ils jettent trop arrogamment le mépris ou la compassion à une noble ville et à un peuple admirable qui ne changerait pas ses ruines et ses églises pour leurs manufactures, son soleil pour leur gaz hydrogène, le génie qui a élevé le Colisée et Saint-Pierre, sculpté le « Laocoon » ou peint la Sixtine pour l'industrie qui a fabriqué la machine à vapeur. »

V

Aujourd'hui, quand on approche de Rome par chemin de fer, — et c'est à peu près la seule voie par laquelle arrivent les étrangers,—la vue de Saint-Pierre qui apparaît d'abord comme un phare signalant de loin la ville sainte, puis celle de la muraille d'Adrien que l'on longe, font battre le cœur du touriste et disposent son esprit aux grandes émotions du christianisme et de l'antiquité. Mais quand on a débarqué, surtout le soir, on ne voit précisément que le gaz hydrogène éclairant la place de la gare et la longue avenue de la via Nazionale. Les thermes de Dioclétien, au centre desquels on se trouve et dont on a entendu parler comme d'un immense édifice, ne semblent être qu'un accessoire des constructions nouvelles, et, de jour comme de nuit, le Colisée, le Forum et Saint-Pierre sont loin : on ne les aperçoit pas de la gare. C'est précisément une des surprises décevantes que Rome cause d'abord aux étrangers, et un des motifs de l'inquiétude des Romains.

La Rome de la Renaissance avait environ 30 à 40000 habitants au temps de Léon X et 100000 au commencement du xvii° siècle. La capitale de l'Italie en a aujourd'hui 372 000 (1). L'accroissement de sa population a été très rapide depuis 1870 (2). On devait s'y attendre. Le personnel de la papauté est à peu près demeuré. Il s'y est ajouté celui de la royauté, qui, outre la cour, comprend toute l'administration d'un grand État; ce monde officiel, qui dépense, a attiré l'industrie et le commerce qui le font vivre.

La composition de cette population s'est modifiée avec l'état politique et économique. Sous les papes, le célibat du clergé séculier et régulier et les conditions de la domesticité attiraient à Rome beaucoup plus d'hommes que de femmes; au commencement du xvii° siècle, on comptait deux hommes pour une femme (70 744 hommes et 37 736 femmes en 1608 d'après le D' Castiglione). L'équilibre tendit peu à peu à se rétablir dans le cours du xvii° et du xviii° siècle à mesure que le nombre des habitants augmenta; cette tendance a été plus prononcée encore depuis 1870. Cependant le sexe masculin présente encore un excédent d'environ 40 000 individus.

Il y avait beaucoup de célibataires et partant peu de naissances; les décès l'emportaient en nombre. Quoique la situation soit devenue un peu meilleure, la mortalité est supérieure à la natalité, et l'accroissement de la population est exclusivement dû, comme celui de beaucoup de grandes cités, à l'immigration (3). Il a été démontré d'ailleurs que la malaria n'est pas la cause principale de cette forte mortalité, puisque dans la période 1874-76 elle n'a causé que 4 et demi p. 100 du total des décès.

Pour juger des efforts que l'administration actuelle a faits, de la nature des difficultés qu'elle a rencontrées et de la mesure des succès qu'elle a obtenus, il faut se rendre compte de l'état

(1) Le dernier recensement, celui de 1881, a donné pour la commune de Rome 300 467 habitants, dont 273 268 de population agglomérée, c'est-à-dire habitant Rome et les faubourgs; depuis 1881 cette population a continué à s'accroitre. D'après le *Bulletin démographique hebdomadaire*, publié par la municipalité de Rome, elle était de 372 779 habitants (avec 10 063 militaires) au 30 juin 1887.

(2) On a calculé que l'accroissement moyen annuel avait été de 1 675 habitants de 1813 à 1870 et de 7 180 de 1870 à 1881, et, comme cet accroissement a été très médiocre jusqu'en 1875, la moyenne de 1875 à 1881 s'élève à 10 000.

(3) Rome doit d'ailleurs à l'immigration moins que Paris. Au recensement de 1881, il y avait à Rome 45 personnes nées dans la commune sur 100 habitants. A Paris, en 1881, il y en avait 32; à Milan 48; à Berlin, en 1880, 44; à Vienne (sans l'armée), en 1880, 38.

matériel de Rome et de la condition morale de sa population en
1870. Nous ne l'avons pas vue à cette époque, mais nous pouvons
invoquer le plaidoyer éloquent d'un écrivain, M. Aristide Gabelli,
que nous avons déjà cité et qui ne s'appuie que sur des faits certains (1). La voirie était très négligée. Les abords même de la station
du chemin de fer n'étaient pas pavés, les pierres et les ordures y
encombraient le sol, l'eau y croupissait en larges flaques, et le soir
on y voyait à peine. L'industrie de Rome était à peu près nulle ;
hors la mosaïque et la bijouterie, on n'y fabriquait guère que des
objets nécessaires à la consommation journalière des habitants.
Le commerce manquait de capitaux, les commerçants pratiquaient
peu l'association, le travail était rare et peu rémunéré. Les
familles nobles étaient habituées à mener une existence princière ;
quoique réduites parfois à se priver pour conserver l'apparence
de la grandeur, elles possédaient de vastes palais, richement ornés
de statues et de tableaux, elles avaient leur salle du trône, leurs
appartements de gala, leur bibliothèque où elles admettaient le
public, mais elles animaient peu l'industrie et elles faisaient d'ordinaire vivre plus de clients dans leur domesticité ou par leurs
aumônes que d'ouvriers par leurs commandes. Les grands digni-
taires de l'Église étaient dans la même situation. Le faste de l'aris-
tocratie et les aumônes de l'Église entretenaient un nombre considérable de pauvres. Les mendiants pullulaient à la porte des
églises et des couvents ; ils trouvaient dans les distributions régulières, dans les libéralités accidentelles et dans certains services,
tels que celui des convois, le moyen de traîner leur existence dans
l'oisiveté. L'excès de la charité engendrait les mauvais effets de
toute organisation sociale qui enlève à l'homme, avec la nécessité
de travailler pour vivre, le principal ressort de son activité ; il
nourrissait et encourageait la paresse et, avec la paresse, un cor-
tège de vices.

Les malfaiteurs se recrutaient en grande partie parmi les
mendiants, et les brigands infestaient la campagne romaine.
A Rome même, la sécurité n'existait pas et la mollesse de la
police autorisait fréquemment non seulement le brigandage, mais
des violences d'autre nature ; un petit marchand qui venait s'établir dans le voisinage d'un autre marchand et lui faisait concurrence, avait à redouter les coups de couteau ; un amoureux qui

(1) ARISTIDE GABELLI, *Roma et i Romani*; Roma, 1886.

n'avait pas obtenu le consentement des parents de sa belle la
faisait enlever par des gens gagés.

L'entrée du roi d'Italie à Rome a été le signal d'une révo-
lution matérielle et morale. On a pavé et éclairé les rues ; on
a percé, malgré les difficultés considérables qu'opposait presque
partout un sol bossué de collines et couvert d'une énorme couche
de déblais sous laquelle sont ensevelis des fondations de maisons
ou des temples, des cloaques, des souterrains, des aqueducs et se
dissimulent des catacombes et des carrières de pouzzolane : on a
fait pénétrer par des démolitions l'air dans des quartiers infects.

La fermeture des couvents et la cessation d'une grande
partie des pompes du culte rejeta sur le pavé une foule de mendiants qui, pendant plusieurs années, encombrèrent les rues. On
voyait traîner sur les places des vagabonds se réunissant à deux
pour porter et offrir au public une corbeille contenant deux ou
trois pommes, des jeunes filles de treize à quatorze ans entrant
dans les cafés et s'asseyant sans vergogne sur les genoux des con-
sommateurs pour leur offrir un bouquet de violettes. Peu à peu,
sans violence, cette plèbe dangereuse a été dispersée ou écartée.
Rome est aujourd'hui une ville où la sécurité est aussi complète
que dans les autres capitales de l'Europe et, si le petit peuple n'a
pas encore renoncé à certaines habitudes regrettables, si les mendiants sont encore trop nombreux, si l'assiduité au travail et l'instruction ne sont pas encore suffisantes, il faut attendre beaucoup
du temps en considérant les changements opérés de 1875 à 1887 ;
car l'œuvre de moralisation de la voie publique n'a véritablement
commencé qu'en 1875.

Les juifs, tenus autrefois en chartre privée et livrés parfois à la
risée de la populace, circulent librement. Les protestants con-
struisent leurs temples et les multiplient avec une ardeur anti-
papiste. Des commerçants et des banquiers, venus de Toscane et
du nord, ont apporté des capitaux et fait de Rome un marché.
De petits capitalistes romains, il est vrai, n'ayant pu soutenir la
lutte, ont succombé.

A cette concurrence, au désarroi des mendiants, à la dimi-
nution du revenu des classes supérieures, si l'on ajoute l'affluence
des habitants qui a élevé le prix des objets nécessaires à la vie,
la dépréciation du papier-monnaie qui a exagéré ce renchérissement, l'aggravation des impôts prélevés par l'État, par le
département, par la municipalité pour les dépenses de réforma-

tion ou de création de l'outillage social, ponts, routes, écoles, etc.,
on se forme une idée des obstacles contre lesquels l'administration
nouvelle s'est heurtée, des améliorations qu'elle a introduites, et
on est porté à dire, avec M. Gabelli, qu'en dix ans « on a fait beaucoup pour surmonter de grandes difficultés dont on ignorait auparavant même l'existence, et que le peuple romain a supporté
avec une patience exemplaire une énorme transformation ».

Le progrès accompli en si peu de temps a ébloui quelques
Romains qui envisagent déjà dans l'avenir le temps où la ville
renfermera un million d'habitants. Je ne crois pas ce temps aussi
proche qu'ils se l'imaginent. La politique doit prévoir, mais
pas de trop loin, et j'approuve les statisticiens prudents qui se
contentent d'espérer le demi-million pour le commencement
du xxᵉ siècle. Ce n'est pas que je pense que le million soit une
monstruosité pour la capitale d'un État dont la population aug-
mente vite et vient de dépasser le chiffre de 30 millions. Mais il
me semble que la période de la croissance la plus vigoureuse de
la population de Rome a dû être celle où le gouvernement s'y est
installé avec ses accessoires. Cette croissance avait alors une cause
politique, externe — si je puis ainsi parler — et d'un effet immé-
diat. Cette période est terminée. L'accroissement proviendra
désormais surtout de causes économiques, internes, d'un effet
plus lent. Je sais bien qu'au progrès naturel qui résulte de la
richesse, les Italiens pourront joindre le progrès factice qu'occa-
sionnent les travaux publics et la fièvre du bâtiment; cependant,
instruits par l'expérience d'autres peuples, ils feront bien d'user
avec prudence de ce genre de stimulant.

Or, les causes naturelles n'auront pas la même énergie qu'en
Angleterre, en France ou même en Autriche ; car l'Italie est trop
longue et Rome est trop éloignée du centre agricole et indus-
triel de la péninsule pour devenir le foyer central de son activité
commerciale. La ville pourra multiplier ses chemins de fer et
construire — ce qui serait utile — une troisième gare dans le
quartier du nord-ouest, de l'autre côté du Tibre. Mais elle n'a
pas de port et il faudrait dépenser beaucoup de millions pour lui
en créer un. Le projet de relier Rome à la mer nous semble plus
difficile encore à réaliser que celui de faire de Paris un port de
mer. La capitale de l'Italie n'a pas les traditions de la grande
industrie et du grand commerce, et il faut bien des années pour
créer et développer dans une population le génie des affaires et

pour amasser les capitaux qui les alimentent. Naples conservera sur elle l'avantage pour les transports maritimes de l'Italie méridionale, quoique cette belle ville me semble destinée à perdre plus qu'à gagner sous le nouveau régime. Milan et Gênes resteront, l'une la capitale économique et l'autre le port de l'Italie septentrionale, et continueront à grandir. L'Italie aura plusieurs foyers économiques que n'éclipsera pas l'éclat de Rome. Les Italiens doivent se féliciter de cette condition qui, sans fixer une limite infranchissable à la population romaine, en modérera vraisemblablement l'accroissement.

Rome d'ailleurs est singulière sous tous les rapports. Dans toutes les grandes villes, le nombre des habitants varie suivant les saisons; mais, dans aucune capitale peut-être, il ne se produit des alternatives de vide et de pléthore aussi marquées. Rome ressemble un peu à cet égard aux villes d'eaux. En hiver et au printemps, les étrangers affluent, attirant toute une armée de gens pour les servir; comme c'est en même temps la saison des grands travaux de la ville et la morte-saison des campagnes, les ouvriers affluent aussi. L'été chasse les étrangers qui redoutent le soleil et la fièvre, et une partie de la population riche de Rome fait comme eux; les ouvriers, de leur côté, retournent aux travaux de la campagne. La population diminue alors considérablement. Cependant il faut des demeures pour la loger lorsqu'elle est dans son plein.

Pour le logement et la circulation des nouveaux habitants, on a dû bâtir des maisons et élargir des rues. Le percement principal a été celui de la via Nazionale qui, lorsqu'elle sera terminée, décrira de la gare centrale au Tibre un grand arc de cercle ayant pour rayon le Corso et coupant toute la ville de l'est à l'ouest. Le Corso lui-même se prolongera au delà du palais de Venise jusqu'au Forum; les quais seront déblayés et complétés sur les deux rives du Tibre; des rues traverseront et assainiront les quartiers voisins du fleuve. Ce programme est rationnel et n'a rien d'excessif. Il améliorera Rome, et les étrangers, comme les habitants indigènes, qui sont les plus intéressés à ces changements, profiteront de voies de communication plus courtes et plus agréables. De nouveaux tramways seront probablement établis qui rendront la circulation plus commode. Sans doute il faudra jeter bas des boutiques sombres et de vieilles maisons; mais, quelques plaintes qu'en fassent les artistes, peut-on raisonnablement mettre leurs griefs en balance avec les avantages de ces percements? Rome perdra quelque chose de son originalité en se rapprochant des autres villes; mais ses habitants, qui ont les mêmes besoins et les mêmes droits que ceux de toutes les grandes cités, y trouveront satisfaction, et la perte, somme toute, ne sera en réalité que la suppression d'un mal. A condition de ne porter atteinte à rien de ce que l'art et l'archéologie révèrent, l'édilité romaine doit avoir toute franchise pour améliorer la voirie.

Les constructions nouvelles se sont groupées principalement dans la région du nord-est, entre le Pincio et Saint-Jean-de-Latran, cherchant de préférence le voisinage de la gare centrale. Il en est partout ainsi. En vain, par un scrupule qui me paraît une erreur, voudrait-on éloigner les gares du centre des villes ; les gares deviennent bientôt un centre.

Les constructions romaines débordent hors des murs du côté des portes Pia et Salaria et s'étendent déjà assez loin dans le faubourg ; une cité nouvelle est dessinée et commence à s'élever sur la rive droite du Tibre, au nord du château Saint-Ange.

Les maisons de ces quartiers sont en général hautes de cinq étages et plus : les entrepreneurs ont voulu faire rendre au terrain le plus fort revenu possible. Aussi beaucoup ont-ils bâti pour l'apparence, sans se préoccuper de la solidité. On parle de maisons qui se seraient effondrées avant d'être terminées, et il y en a du côté de la place Victor-Emmanuel, qui, à peine habitées, ont dû être soutenues par des étais ou des crampons. On voit, particulièrement sur cette place et dans les nouvelles rues qui conduisent à Saint-Jean-de-Latran, des maisons affectant un grand air, avec moulures et balcons, qui cependant ne sont peuplées que de petits ménages et dont les fenêtres sont garnies de loques chères aux amateurs du pittoresque, mais déplaisantes par le contraste avec le style du bâtiment. On pense involontairement aux maisons de l'ancienne Compagnie immobilière à Marseille. A Rome aussi, la spéculation a manqué le but en voulant le dépasser. Il y a cependant des maisons d'une réelle élégance, de beaux appartements et de belles parties de rues, régulièrement bâties. Mais, lorsqu'elles sont en construction, ces maisons mêmes présentent aussi, à peu d'exceptions près, comme les bâtisses de pacotille, des murailles de brique sur lesquelles sont indiquées. en saillie, des colonnes, des facettes, des entablements. Le ciment et le stuc habilleront ces squelettes d'un revêtement qui leur donnera une fausse parure de pierres taillées et de marbres précieux. Ce manège de coquetterie au rabais ne me plaît pas. Si je dois être trompé, j'aurais mieux aimé ignorer la fraude et, pour cela, n'être arrivé qu'après l'achèvement de la construction. Ces maisons ressemblent à certaines femmes qui sont plus séduisantes le soir dans un salon que le matin dans leur cabinet de toilette.

Je me rappelle à ce propos qu'à Washington j'avais admiré, de la place, la hardiesse de la coupole du Capitole et que, lorsque je me suis aperçu, en visitant l'intérieur, qu'elle était toute formée d'un assemblage de plaques de fonte, je n'y ai plus vu qu'un énorme chaudron renversé : impression du moment que la réflexion a ensuite quelque peu modifiée, mais dont il est resté quelque chose dans mon esprit.

Toutefois les Romains peuvent alléguer une excuse : leurs pères faisaient ainsi. En effet, la façade du palais Farnèse est en briques blanchies; quant aux ornements, ils sont bien réellement de pierre. Les anciens ont construit en briques la maçonnerie de la plupart de leurs édifices; mais ils les recouvraient de marbres, et c'est précisément parce que ces marbres avaient une réelle valeur qu'ils ont été enlevés.

Beaucoup de maisons sont bâties sans caves, soit par raison d'économie, soit par crainte des nappes d'eau souterraines; les architectes se contentent de foncer de distance en distance quelques puits dans lesquels ils maçonnent des piliers en briques pour servir de points d'appui aux gros murs. Les archéologues s'indignent de cette pratique parce que, sans avoir préalablement fouillé le sol et sans savoir, par conséquent, ce qu'il renferme, les maçons ensevelissent ainsi à jamais sous leurs constructions les ruines et les objets d'art que ce sol peut recéler.

La spéculation, qui a entrepris la plus grande partie des bâtisses, se préoccupe beaucoup moins de l'art et de l'archéologie que du bénéfice : elle ne songe qu'à construire à bon marché et à vendre ou à louer cher pour réaliser de gros bénéfices. Je suis certain que beaucoup de spéculateurs ont obtenu le résultat cherché, principalement les anciens propriétaires des terrains; je ne suis pas convaincu que tous fassent et surtout continuent longtemps à faire de bonnes affaires. Comme il arrive souvent en pareille matière, on a agi avec fougue. On a fait surgir de terre une ville nouvelle en quelques années, mais on n'a pas suffisamment adapté les constructions à la fortune diverse des gens

qui devaient les occuper. On a emprunté une grande partie des
capitaux qui ont payé la dépense et on vit beaucoup sur le crédit.
Tant que la population qui afflue remplit les logements nouveaux,
les recettes paient l'intérêt et l'amortissement. Mais, si l'affluence
vient à se ralentir ou si l'élan pour la construction, que le succès
et l'exemple surexcitent, dépasse la mesure des besoins, cet en-
gouement peut susciter de graves embarras d'argent. Rome me
paraît exposée à une crise financière du bâtiment, et des financiers ont déjà remarqué quelques symptômes alarmants; je
souhaite que les Italiens, qui joignent une remarquable finesse à
une disposition marquée à l'enthousiasme, sachent la prévoir et
la prévenir.

— Les situations embarrassées se liquideront par des faillites et
les maisons resteront, — ai-je entendu dire. Bien téméraires sont
ceux qui parlent ainsi; ils ne savent pas ce que coûtent des liqui-
dations de cette espèce et pendant combien de temps elles pèsent
sur l'état économique d'une nation : il faut les renvoyer à l'histoire
du krach de Vienne.

Non seulement les entrepreneurs ont fait vite des maisons
pour les habitants, mais le gouvernement a dû procéder de la
même façon pour ses administrations quand il n'a pas trouvé à
les installer dans d'anciens palais. Les deux principaux édifices
qu'il a construits sont le ministère de la guerre et le ministère
des finances. Ce dernier surtout attire les regards par la disposition générale de son architecture et par l'ampleur de ses formes,
qui ne sont pas sans noblesse. On sent bien qu'on est dans un
palais; mais on sent aussi que l'architecte s'est contenté de paraître, n'ayant pas les ressources nécessaires pour être ce qu'il
aurait voulu ; que la décoration a été hâtive et que le mobilier
est chétif. Pour le mobilier, j'approuve les ministres des finances
d'être économes : il sera temps de les changer quand la caisse
du Trésor sera pleine. Pour le bâtiment, je redoute le provisoire :
il risque de durer toujours.

Néanmoins on remarque, même dans cette décoration rapide,
particulièrement dans celle de la grande salle, la facilité de conception et le savoir-faire qui caractérisent les artistes italiens :
qualités qui sont plus ordinaires chez eux que la sévérité et la
sobriété. J'ajouterai cependant que, lorsqu'ils sont bien guidés et
qu'on ne leur ménage pas les moyens d'exécution, ils sont capables de produire des œuvres qui défient la critique ; j'ai vu dans

le palais du Quirinal deux salons qui attestent un goût aussi pur
que délicat, et ce n'est pas sans une certaine satisfaction que j'ai
remarqué que, dans l'un, le décorateur s'était inspiré du style
Louis XV et que, dans l'autre, des tapisseries des Gobelins for-
maient le principal ornement.

A chaque temps son œuvre. L'Antiquité et la Renaissance ont
peuplé Rome de chefs-d'œuvre; le Christianisme naissant y a
laissé d'immortels souvenirs. Le royaume d'Italie en fera la capitale d'un grand État moderne : c'est assez pour que Rome se glo-
rifie de la quatrième phase de son histoire. Tous les politiques ne
voient pas cette dernière avec satisfaction et plusieurs doutent
qu'elle ait une longue durée. Pour moi, je crois qu'elle durera
autant que le royaume d'Italie et que l'existence de ce royaume
ne pourrait être désormais compromise que par de graves impru-
dences et par un nouveau bouleversement de l'équilibre européen.
C'est sans doute une situation singulièrement fausse que celle de
deux souverainetés, dont l'une exclut l'autre, placées en présence
dans la même ville. Les événements l'ont faite et les négociations des
plus puissants diplomates du monde, en supposant même qu'elles
soient aussi sincères qu'elles ont été apparentes, échoueront dans
la tentative de la défaire et de résoudre la question par un accord
des deux parties. Rome est nécessaire à l'unité politique de l'Italie, et les Italiens lui maintiendront toujours le rôle de capitale du
royaume. Une certaine puissance temporelle est nécessaire à l'in-
dépendance de la papauté, et le pape protestera toujours contre
une annexion qui ne lui laisse pour domaine qu'un palais et qui le
réduit au rang d'un étranger dans la capitale de la chrétienté (1).

Pour accomplir ses destinées nouvelles, Rome doit ne rien
répudier de ses gloires passées ; elle doit comprendre que sa gloire
présente est intéressée à leur conservation. « Dorénavant, disait
au mois d'avril 1887 M. Bonghi dans un rapport sur le projet de
loi relatif à la protection des monuments antiques, pour le monde
et pour notre Italie en particulier, il est du plus haut intérêt de
veiller avec une sagesse diligente et avec une libéralité nécessaire à la conservation et à la tutelle des monuments de Rome. »

A bien considérer, la ville n'a pas à rougir de la comparaison.
Il serait souverainement injuste, en effet, de mettre les maisons
de location, qu'elle bâtit aujourd'hui, en parallèle avec les palais

____

(1) Cet article était écrit avant le Jubilé qui a rendu manifeste l'impossibilité
de concilier les deux politiques dans les circonstances actuelles.

ou les temples que les siècles lui ont légués. Ce sont des constructions de même destination qu'on peut utilement comparer. Or,
quelques justes critiques qu'on adresse aux maisons privées, il
est certain cependant qu'elles sont plus vastes, plus saines, plus
commodes que les habitations du menu peuple de la Renaissance
qu'on démolit aujourd'hui dans les quartiers du centre, ou que
celles de l'antiquité dont il ne subsiste rien, sinon la double maison récemment déterrée près de la porte Salaria.

Rome n'édifiera peut-être pas de longtemps des monuments
dignes de rivaliser avec ceux des âges précédents. Mais la génération contemporaine respectera l'héritage de ses ancêtres. Ce
sera un fait nouveau et une politique méritoire. Car la Rome impériale, dont nous voyons les ruines, avait démoli ou brûlé la Rome
républicaine pour la reconstruire plus somptueusement ; la Rome
chrétienne avait jeté bas les statues des dieux et leurs temples
pour y substituer ses églises ; la Rome de la Renaissance avait
spolié les ruines pour parer ses palais. Rien de pareil aujourd'hui.
Le dernier pape avait donné l'exemple. Le roi d'Italie l'a suivi.

Depuis qu'il a fixé sa résidence au Quirinal, l'administration
a beaucoup fait dans l'intérêt de l'archéologie ; des fouilles, com-
mencées par M. Pietro Rosa et placées ensuite sous la direction
du savant M. Fiorelli, ont été poursuivies avec méthode au Forum et au Palatin ; les ruines ont été protégées contre la dépré-
dation ; à côté des merveilleuses collections pontificales du Vatican
et de Saint-Jean-de-Latran, des musées d'antiquités ont été en-
richis, organisés ou créés, comme ceux du Capitole et des Conservateurs ou comme le musée Kircher et le musée Tibérin ; d'autres sont projetés, comme le musée du mont Cœlius. Une loi
votée le 14 août 1887 a accompli le vœu exprimé par le rappor-
teur, M. Bonghi : une zone de huit kilomètres qui renferme au
sud de la ville le Forum et les principaux monuments de l'antiquité se trouvera isolée, mise à l'abri des spéculateurs en bâtisses
et conservée « au milieu de la Rome nouvelle comme un diamant
enchâssé dans un anneau d'or ». Les expropriations et les travaux nécessaires pour transformer cette zone en un parc d'antiquités nationales seront faites de concert entre le ministère de
l'instruction publique et la municipalité de Rome dans l'espace
de cinq ans.

Rome dépense beaucoup pour se placer à la hauteur de sa
nouvelle destinée politique et se transformer en une grande ca-

pitale moderne, fournissant à ses habitants, dans la proportion de ses ressources, toutes les commodités d'existence que la civilisation exige aujourd'hui des grandes agglomérations. Elle a raison. Les Romains n'ont pas à s'inquiéter du jugement de certains critiques ; je consens qu'ils rient de ceux qui voudraient les voir rester en guenilles pour le plaisir de continuer à peindre des mendiants.

Mais ils prêteraient à rire à leur tour s'ils avaient la maladresse de sacrifier une partie quelconque de leur glorieux héritage en renouvelant, dans le dessein de mieux prendre leurs aises, les profanations que les âges antérieurs ont commises. Ils peuvent créer sans détruire, exhumer même, partout où il sera utile et possible de le faire, les restes encore enfouis de la cité antique, et tourner, par d'habiles dispositions, les ruines en ornement de la cité nouvelle. Pour cela, il convient, à côté des dépenses nécessaires à toute grande ville, de faire, sans excès onéreux aux finances et sans précipitation préjudiciable au plan général, mais avec suite et intelligence, une place dans le budget aux dépenses spécialement affectées à la préservation et à l'entretien de tout ce qui, dans le passé de Rome et surtout durant les trois grandes époques de l'Empire romain, du Christianisme naissant et de la Renaissance artistique, est de nature à éclairer l'histoire ou à honorer les arts.

Le présent et le passé peuvent et doivent ainsi s'accorder. La conciliation ne saurait être difficile, puisqu'il n'y a, au fond, qu'un seul intérêt en jeu, celui de Rome, et que les Romains jouiront plus encore que les étrangers d'une politique municipale se proposant le double but de procurer le confortable que réclame le présent et de pratiquer le respect que mérite le passé.

<hr>

Paris. — Typographie Georges Chamerot, 19, rue des Saints-Pères. — 22350.